Rainer Maria Rilke

Duineser Elegien
Die Sonette an Orpheus

두이노의 비가/오르페우스에게 바치는 소네트

1판 1쇄 발행 2022년 3월 10일

지은이 | 라이너 마리아 릴케
옮긴이 | 염승섭
발행인 | 신현부

발행처 | 부북스
주소 | 04601 서울시 중구 다산로29길 52—15 (신당동)
전화 | 02-2235-6041
팩스 | 02-2253-6042
이메일 | boobooks@naver.com

ISBN 979-11-91758-08-5 (04080)
　　　978-89-93785-07-4 [세트]

부클래식

091

두이노의 비가
오르페우스에게 바치는 소네트

라이너 마리아 릴케

염승섭 옮김

- 일러두기

* 두 작품의 판본, Rainer Maria Rilke. Sämtliche Werke, hg. v. Ruth Sieber-Rilke, besorgt durch Ernst Zinn, Wiesbden, Insel-Verlag, 1955 - 1966.
* 이 번역 시집은 역자의 급작스러운 서거로 양우탁(전북대 독문과 명예교수) 선생님이 최종 교정을 보았습니다.

차례

역자의 말 • 7

두이노의 비가 • 15

오르페우스에게 부치는 소네트 • 107

  제1부 • 109
  제2부 • 163

《두이노의 비가》에 대한 해설 • 223

《두이노의 비가》 미주 • 251

《오르페우스에게 부치는 소네트》 제1부 해설 • 265

《오르페우스에게 부치는 소네트》 제2부 해설 • 273

비교문학자 염승섭 교수의 삶과 학문 • 287
- 유저(遺著) 출간에 즈음하여 / 안삼환

역자의 말

릴케는 나에게 무엇이며, 또 독자들에게 어떻게 이해되어야 하나? 지난 수 십 년 동안 이런 의문이 본 필자의 뇌리를 맴돌곤 하였다. 그의 작품들을 독문학자로서 섭렵하고 그의 시 세계를 총체적으로 이해하고, 특히 프랑스 파리에서 태어났다고 할 수 있는 일기체(日記體) 소설인 《말테의 수기(手記) Die Aufzeichnungen des Malte Laurids Brigge》의 마지막 부분을 감식(鑑識)하고 나서부터, 여러 릴케 평자들이 명확하게 제시한 바와 같이, 이 소설과 《두이노의 비가(悲歌) Duineser Elegien》의 연관 관계에 주목하게 되었다. 근대적 대도시에서 그가 경험했던 온갖 어려움들 — 질병, 불안, 죽음의 현상 등 — 을 그의 순진했던 어린 시절과 대비하며, 소설의 주인공 말테는 고향에 돌아와, 프랑스 작가 앙드레 지드(André Gide)에 의해 부각된 탕자(蕩子)처럼[1], 어떤 소유(所有)에도 종속되지 않는 자동적(自動的) 사랑을 지향(指向)하는데, 그것은 곧바로 신(神)을 찾는 예술가의 구도(求道)가 된다.

《두이노의 비가》를 읽으면 '말테'로부터 우리는, 인간의 현존

---

[1] André Gide, *Le Retour de l'Enfant prodigue*(Paris: Gallimard, 1948) 참조; 또한 인젤(Insel) 사에서 나온 릴케의 번역 *Die Rückkehr der verlorenen Sohnes* 탕자의 귀환 참조.

재적 의식에서 삶과 죽음은 본질적으로 동시에 존재하며 다만 시간적 대칭을 이루고 있다는 것과 인간은 감성적 자아로서 온갖 어려움을 겪으면서도, 한 남성적 감성(感性 Gefühl)이 다른 여성적 감성(Gefühlin)에 호소하듯이, 사랑의 울부짖음을 지닌다는 것을 연상하게 된다.

《두이노의 비가》에서 삶과 죽음의 현상을 뛰어넘어 그 본질 세계로 진입하려는 시인 릴케의 예술적 시도를 엿보자면, 먼저 그의 탁월한 언어 감각을 음미하기 위해 그의 초기 산문《코르넷 Cornet》의 첫 문장을 살펴 볼 필요가 있겠다.

Reiten, reiten, reiten, durch den Tag, durch die Nacht, durch den Tag.
Reiten, reiten, reiten.
[말을 타고] 달리며, 달리며, 달리며, 낮을 지나, 밤을 지나, 낮을 지나. 달리고, 달리며, 또 달린다.[2]

우리는 이 독일어 원문의 리듬을 번역문에서 도저히 100퍼센

---

[2] *Die Weise von Liebe und Tod des Cornets Christoph Rilke* 나팔수 크리스토프 릴케의 사랑과 죽음의 노래, Bd. 1, Rilke Werke. Kommentierte Ausgabe in vier Bänden(Wissenschaftliche Buchgesellschaft: Frankfurt a.M., 1996), 141쪽. 이 산문시의 단초를 이루는 그 율격 리듬의 도움으로 뒤이어 그 정경이 집약된다: [...] 어떤 산도, 어떤 나무마저도 그냥 사라져버린다. 어떤 것도 감히 맞서지 못한다. Es gibt keine Berge mehr, kaum einen Baum. Nichts wagt aufzustehen.

트 재현할 수가 없다. 즉 독일어에서 가능한, 강약(强弱)의 트로케우스(Trochäus)와 약약강(弱弱强)의 아나페스트(Anapäst) 율격(律格)을 그저 원문에서 감상하며, 그 평야를 달리고 또 산과 언덕을 뛰어넘는 나팔수인 기수(旗手)의 늠름한 모습을 감지할 수 있다. 다음의 예는 그의 후기 작품에서 들어 보기로 하겠다.

그는 고뇌에 찼던 파리 체류 시절을 배경으로 소설 《말테의 수기》를 썼는데, 그 마지막 장에서 그가 어떻게 '소유가 없는 사랑'에 집착하게 되었고 궁극적으로는 그의 모든 인간적 고통을 승화시키는 예술의 길을 지향(指向)하고 있는지를 보여주고 있다. 이 연장선상에서 필자는 그의 《두이노의 비가》의 한 단면을 고찰해 보고자 하는데, 그에 앞서 비가(悲歌)의 의미를 간단히 특징짓고자 한다. 비가는 엘레지라고도 불릴 수 있고, 비애(悲哀)와 비장함과 더불어 삶에 대한 철학적 고찰을 담고 있다. 형식은 본래 고대로부터 내려오는 시의 형식인 2행시(Distichon)[3]들로 구성되어 있다. 릴케는 그의 비가들을 무엇보다도 내용적인 면에서 그렇게 칭하지만, 운율(韻律)상으로는 자유 리듬의 시행(詩行)들로 구성되어 있다. 그는 중요한 시적 진술에서는 가능한 한 그 고유의 형식을 반영하고 있다. 전체적으로는 닥틸루스(Daktylus)라 불리는

---

3 헥사미터(Hexameter 6 운각)와 펜타미터(Pentameter 5 운각)로 구성되는 2행시연(詩聯)으로 각 시행은 여섯 개의 닥틸루스(Daktylus 강약약) 또는 트로케우스(Trochäus 강약) 운각으로 구성되어 있는데, 펜타미터의 경우에는 중간에 '강(强)'과 '강'이 맞부딪는 효과를 이룩하며 내용상의 상반 관계를 단적으로 표현하는 기법이 돋보임.

강약약(强弱弱) 음절로 된 운각(韻脚)과 트로케우스(Trochäus)라 불리는 강약(强弱) 음절의 운각을 지속적으로 구사함으로써 하강(下降)의 리듬감을 구현한다. 이러한 율격 구조를 독일어에서 한국어로 옮겨 놓는다는 것은 거의 불가능하지만, 그 비가의 격조는 ― 아래에 필자가 첨부한 율격(律格) 구분이 보여주고 있는 것같이 ― 제1 비가의 시작하는 행들에서 다음과 같이 옮겨 놓을 수가 있을 것이다.

/Wer, wenn ich/schriee,/hörte mich/denn aus der/Engel
/Ordnungen?/und ge/setzt selbst, es/nähme
/einer mich/plötzlich ans/Herz:/ich ver/ginge von/seinem
stärkeren/Dasein […]

뉘라서 저 천사 대열에서, 내 외친들, 대체 내게
경청하리요? 설령 어느 천사가 홀연히 나를 가슴에
안았다 해도, 내 그의 보다 강한 현존에서 스러지고
말 것을. […]

이 시행(詩行)들에서 우리는 운율적으로 강약약격(Daktylus)과 강약격(Trochäus)으로 진행되는 비가(悲歌)적 행보 또는 율격(Versfuß)을 쉽게 느낄 수가 있다. 특히 위 인용시구(詩句)의 제3 시행에서, ―/Herz:/ich ver/, ― 어떤 상반적 관계를 돋보이게 하는 강한 휴지(休止 Mittelzäsur) 또는 산마루를 느낄 수 있다. 릴케는 어느 날 두이노(Duino) 성 근처의 해변의 절벽을 따라 거닐며 천공을 향해 그렇게 시인적 호소를 했다고 전해진다. 즉 그는 시인으로서의 실존 가능성을 타진하고 있는 것이다.

끝으로, 이 시인은 그 "제10 비가(Die zehnte Elegie)"에서 그 당시의 처절한 심정을 다음과 같이 토로하고 있다:

Daß ich dereinst, an dem Ausgang der grimmigen Einsicht,
Jubel und Ruhm aufsinge zustimmenden Engeln.
Daß von den klar geschlagenen Hämmern des Herzens
keiner versage an weichen, zweifelnden oder
reißenden Saiten. Daß mich mein strömendes Antlitz
glänzender mache; daß das unscheinbare Weinen
blühe. O wie werdet ihr dann, Nächte, mir lieb sein,
gehärmte. Daß ich euch knieender nicht, untröstliche Schwestern,
hinnahm, nicht in euer gelöstes
Haar mich gelöster ergab. Wir, Vergeuder der Schmerzen.

내 언젠가 이 비통한 통찰의 끝자락에서
이에 동의해 주는 천사들에게 환호와 찬미를 보낼지어다.
내 심장의 그 어느 고동 소리도 부드럽거나, 주저하거나
아니면 격한 심정에 멈추어서는 일은 없을 지어라.
눈물로 넘쳐흐르는 내 얼굴은 나를 더욱 빛나게 하여 주며,
그 초라한 울음이 꽃피게 될 지어다. 오, 슬픔에 찬 그대 밤들은 그때

얼마나 내게 사랑스럽게 될 것이랴! 슬픔에 젖은 자매들이여!
내가 그대들을 보다 더 경건히 받아들이며
그대들의 풀어진 머리카락에 더욱더 느슨하게
순응하지 못했다니. 우리는 고통의 낭비자이리니.

    시인 릴케는 그가 두이노 성에 손님으로 초대 받아 체류하고 있을 때, 마리 투른-운트-탁시스 백작부인(Fürstin Marie von Thurn und Taxis)에게 이 《두이노의 비가》를 바치고 그녀 앞에서 큰 소리로 낭송하였다 한다. 백작 부인 마리(Marie)는 낭송이 끝난 후 한동안 매우 감동하여 시인의 머리를 감싸 안고 깊은 감회에 젖었다고 전해진다.[4] 인생은 고해(苦海)다. 이 세상에 해결되지 못한 애틋한 사연은 얼마나 많을 것인가! 우리는 온갖 고통을 넘어 '소유 없는 사랑'의 진정한 기쁨을 그리고 진지한 죽음의 인식을 통해 또는 예술의 본질적 시각을 통해, 우리 현존재의 절실한 의미를 깨우칠 수가 있다는 것이 릴케의 지론이었다. 그는 제1차 세계대전 전후로 그의 시대를 치열하게 살았던 것이다.

---

4 Vgl. Marie von Thurn und Taxis, Erinnerungen an Rainer Maria Rilke(릴케에 대한 회상), Insel-Bücherei Nr. 888(Frankfurt a.M.: Insel Verlag, 1966), 113쪽: (…) schaute er mich schweigend an, ich konnte nicht reden, er sah, wie ergriffen ich war, und da beugte er die Knie, um mir die Hände zu küssen. Schweigend küßte ich ihn auf die Stirn, wie eine Mutter ihren Sohn, einen wunderbaren Sohn... ... 그는 나를 잠자코 바라보고 있었고 나는 말을 힐 수가 없었다. 그는 나의 손에 키스하기 위하여 무릎을 꿇었고 나는, 한 어머니가 그녀의 장한 아들에게 하듯, 말없이 그의 이마에 키스하였다.

릴케는 1922년 2월에 스위스의 서남부 발레(Valais) 지역에 있는 장원(莊園) 풍의 뮈조 성(城)에 머무르며《두이노의 비가》를 완성하고 나서 — 시인 자신이 술회하고 있듯이 — 그 지속되는 영감의 후 폭풍 속에서《오르페우스에 부치는 소네트 Die Sonette an Orpheus》를 빠르게 집필하여 끝냈다고 전해진다.

두 작품의 번역 대본으로 다음 판본을 사용했음을 밝혀둔다.
Rainer Maria Rilke. Sämtliche Werke, hg. v. Ruth Sieber-Rilke, besorgt durch Ernst Zinn, Wiesbden, Insel-Verlag, 1955-1966.

Duineser Elegien

(Aus dem Besitz der Fürstin
Marie von Thurn und Taxis-Hohenlohe)

두이노의 비가

(마리 폰 투른 운트 탁시스-호엔로에 후작 부인의 소유로부터)

Die erste Elegie

Wer, wenn ich schriee, hörte mich denn aus der Engel
Ordnungen? und gesetzt selbst, es nähme
einer mich plötzlich ans Herz; ich verginge von seinem
stärkeren Dasein. Denn das Schöne ist nichts
als des Schrecklichen Anfang, den wir noch grade ertragen,
und wir bewundern es so, weil es gelassen verschmäht,
uns zu zerstören. Ein jeder Engel ist schrecklich.
　Und so verhalt ich mich denn und verschlucke den Lockruf
dunkelen Schluchzens. Ach, wen vermögen
wir denn zu brauchen? Engel nicht, Menschen nicht,
und die findigen Tiere merken es schon,
daß wir nicht sehr verläßlich zu Haus sind
in der gedeuteten Welt. Es bleibt uns vielleicht
irgend ein Baum an dem Abhang, daß wir ihn täglich
wiedersähen; es bleibt uns die Straße von gestern
und das verzogene Treusein einer Gewohnheit,
der es bei uns gefiel, und so blieb sie und ging nicht.
　O und die Nacht, die Nacht, wenn der Wind voller Weltraum
uns am Angesicht zehrt —, wem bliebe sie nicht, die ersehnte,

제1 비가

누가, 저 천사 대열에서, 내 외친들, 도대체 내 말을
경청하리요? 설령 어느 천사가 홀연히 나를 가슴에
안았다 해도, 더 강한 그의 현존[1]에서 난 스러지고
말 것을! 아름다운 것은 정녕 무서움의 시작[2]일 뿐,
하여 우리는 아직 그걸 감당하며 찬미하기까지 한다.
왜냐하면 그것은 태연히도 우리가 파멸하길 마다하니까.
하지만 어느 천사도 두려워라.

    그래 나는 마음 가다듬고 어두운 호소의 흐느낌을
꿀꺽 삼킨다. 아, 대체 누가 우리에게 쓸모 있단
말인가? 천사도 인간도 아니어라. 하여
눈치 빠른 짐승들은 우리가 해석된 세계에선
매우 안주치 못함을 지레 짐작하지. 아마도 아직
우리에겐 한 그루의 나무가 언덕 위에 남아 있어 매일
그것을 다시 볼 수 있지 않을까! 우리에겐 어제의 거리가 남아
있고 습관의 잘못 길들인 충실 또한 우리 안에 파고
들어 그렇게 죽치고 앉아 떠날 줄 몰랐어라.

    오, 그 밤, 온 누리를 담뿍 머금은 바람이 우리의 얼굴을
파고드는 그 밤, 동경과 가벼운 실망을 안겨주며
외로운 마음에 힘겹게 다가오는 그 밤은 누구에나

sanft enttäuschende, welche dem einzelnen Herzen
mühsam bevorsteht. Ist sie den Liebenden leichter?
Ach, sie verdecken sich nur miteinander ihr Los.

    Weißt du′s *noch* nicht? Wirf aus den Armen die Leere
zu den Räumen hinzu, die wir atmen; vielleicht daß die Vögel
die erweiterte Luft fühlen mit innigerm Flug.

Ja, die Frühlinge brauchten dich wohl. Es muteten manche
Sterne dir zu, daß du sie spürtest. Es hob
sich eine Woge heran im Vergangenen, oder
da du vorüberkamst am geöffneten Fenster,
gab eine Geige sich hin. Das alles war Auftrag.
Aber bewältigtest du′s? Warst du nicht immer
noch von Erwartung zerstreut, als kündigte alles
eine Geliebte dir an? (Wo willst du sie bergen,
da doch die großen fremden Gedanken bei dir
aus und ein gehn und öfters bleiben bei Nacht.)
Sehnt es dich aber, so singe die Liebenden; lange
noch nicht unsterblich genug ist ihr berühmtes Gefühl.
Jene, du neidest sie fast, Verlassenen, die du
so viel liebender fandst als die Gestillten. Beginn
immer von neuem die nie zu erreichende Preisung:
denk: es erhält sich der Held, selbst der Untergang war ihm
nur ein Vorwand, zu sein; seine letzte Geburt.

머무는 것이 아닐까? 연인들에게는 더 쉬운 밤일까?
아, 그들은 오직 서로 감싸며 그들의 운명을 감춘다.

　　그대는 그걸 아직도 모르는가? 가슴팍으로부터 그 공허함을
우리가 숨 쉬는 바깥 공간으로 던져내라; 아마도 새들은
그 확장된 공기를 보다 은밀한 비상으로 느낄 것이다.

그렇다, 봄들은 아마도 그대를 필요로 하였다. 많은 별들은
그대가 그들을 감지해 주길 기대했다. 과거 속에서 큰 물결이
일어 이리로 밀려왔다. 또는 그대가 열려진 창문 옆을 지나갈 때
바이올린의 선율이 울려왔다. 그 모든 것은 위탁이었지.
그런데 그대는 그것을 감당해냈는가? 그대는 언제나 어떤
기대감으로 여전히 산만해지지 않았던가? 마치 모든 것이
어떤 연인을 예고하는 듯이 말이다. (그대의 마음에 정녕
거창하고 낯선 상념들이 안팎으로 넘나들며 밤에는 종종
머무르곤 하는데, 그녀를 어디에 숨겨두고자 하는가.)
그대의 마음에 동경이 일면, 연인들을 노래하라; 그들의
명성 높은 감정은 아직은 불멸의 반열에 오르지 못하고 있어라.
그대는 저 버림받은 이들이 저 충족된 연인들보다 더 사랑의 길을
걸었다고 느꼈고 그들을 선망해 마지않지. 결코 도달할 수 없는
찬양을 언제나 새롭게 시작하라; 생각해 보라: 영웅은 자신을
보존한다. 그의 몰락조차도 그의 마지막 탄생이
되기 위해 내세운 구실일 뿐이었다.
허나 사랑하는 이들은 진력을 다하여 자연으로 회귀하는바,
그걸 두 번 다시 실현할 힘이 없어 보인다. 저 가스파라 스탐파[3]에

Aber die Liebenden nimmt die erschöpfte Natur
in sich zurück, als wären nicht zweimal die Kräfte,
dieses zu leisten. Hast du der Gaspara Stampa
denn genügend gedacht, daß irgend ein Mädchen,
dem der Geliebte entging, am gesteigerten Beispiel
dieser Liebenden fühlt: daß ich würde wie sie?
Sollen nicht endlich uns diese ältesten Schmerzen
fruchtbarer werden? Ist es nicht Zeit, daß wir liebend
uns vom Geliebten befrein und es bebend bestehn:
wie der Pfeil die Sehne besteht, um gesammelt im Absprung
mehr zu sein als er selbst. Denn Bleiben ist nirgends.

Stimmen, Stimmen. Höre, mein Herz, wie sonst nur
Heilige hörten: daß sie der riesige Ruf
aufhob vom Boden; sie aber knieten,
Unmögliche, weiter und achtetens nicht:
So waren sie hörend. Nicht, daß du *Gottes* ertrügest
die Stimme, bei weitem. Aber das Wehende höre,
die ununterbrochene Nachricht, die aus Stille sich bildet.
Es rauscht jetzt von jenen jungen Toten zu dir.
Wo immer du eintratst, redete nicht in Kirchen
zu Rom und Neapel ruhig ihr Schicksal dich an?
Oder es trug eine Inschrift sich erhaben dir auf,
wie neulich die Tafel in Santa Maria Formosa.

대해 그대는 충분히 생각해 보았는가? 연인으로부터 배신당한
어느 처녀는 저 사랑하는 여인의 고양된 본보기에 따라 '나도 그녀와
같이 되리라' 하고 느끼는 것이 아닌가. 이 가장 오래된 고통들은 결국
우리에게 더 많은 결실을 가져다주는 것이 아닌가? 화살이 시위를
견디어내고 힘을 모아 날아오르면 그 자신 **이상**으로 되듯, 우리도
사랑하면서 애인으로부터 우리 자신을 해방하고 이를 떨며 견디어
내야 할 때가 된 것이 아닌가? 정녕 머무름은 어디에도 없어라.

음성들. 음성들. 나의 마음이여, 들어라, 예전 성자들만이
그처럼 들었어라: 그 거대한 부름이 그들을 바닥에서
들어 올렸건만, 불가사의하게, 이들은 그것을 무시한 채,
그냥 무릎을 꿇고 있었으니: 그렇게 그들은 경청하였다.
그대가 **신의** 음성을 듣고 견디어 내야 한다는 뜻은
결코 아니다. 하지만 저 불어오는 소리를, 저 정적에서부터
형성되는 저 끊임없는 소식을 들어라. 이제 젊어서 죽은
이들로부터 와스스 소리가 들려온다. 그대가 로마와 나폴리의
성당, 어디를 들어가든, 그들의 운명이 그대에게
조용히 말을 건네지 않았던가? 혹은 요 얼마 전
산타 마리아 포르모사[4]에 있는 서판과 같은 그런
비문이 그대의 마음에 다가왔던 것인가?
그들이 내게 무엇을 원하느냐고? 나는 가만히
그들의 부당함의 외양을 제거해야만 한다. 그것은 흔히
그들 혼백의 순수한 운동을 조금 방해한다.

Was sie mir wollen? leise soll ich des Unrechts
Anschein abtun, der ihrer Geister
reine Bewegung manchmal ein wenig behindert.

Freilich ist es seltsam, die Erde nicht mehr zu bewohnen,
kaum erlernte Gebräuche nicht mehr zu üben,
Rosen, und andern eigens versprechenden Dingen
nicht die Bedeutung menschlicher Zukunft zu geben;
das, was man war in unendlich ängstlichen Händen,
nicht mehr zu sein, und selbst den eigenen Namen
wegzulassen wie ein zerbrochenes Spielzeug.
Seltsam, die Wünsche nicht weiterzuwünschen. Seltsam,
alles, was sich bezog, so lose im Raume
flattern zu sehen. Und das Totsein ist mühsam
und voller Nachholn, daß man allmählich ein wenig
Ewigkeit spürt. — Aber Lebendige machen
alle den Fehler, daß sie zu stark unterscheiden.
Engel (sagt man) wüßten oft nicht, ob sie unter
Lebendigen gehn oder Toten. Die ewige Strömung
reißt durch beide Bereiche alle Alter
immer mit sich und übertönt sie in beiden.

Schließlich brauchen sie uns nicht mehr, die Früheentrückten,
man entwöhnt sich des Irdischen sanft, wie man den Brüsten

정말 야릇하지 않은가! 이 지상에 더 이상 살지 않는다는 것,
이제 겨우 배운 관습을 더 이상 따르지 않는 것, 또
장미들과 정말 촉망되는 다른 것들에
인간적 미래의 의미를 부여치 않는다는 것;
무한히 불안에 시달리며 이루고자 했던
것에 더 이상 매달리지 않는 것, 자신의 이름마저도
부서진 장난감처럼 던져버리는 것. 또
야릇하다, 더 이상 소원들을 바라지 않는 것,
관련이 있던 모든 것이 공중에 흩어져 펄렁
펄렁거리고 있음을 보는 것. 죽어 있음은 하긴
고달프고, 점차로 영원을 느끼기 위한 만회(挽回)로
가득하다. ─ 그러나 산 자들은 모두 너무 구별하는
오류를 범한다. (말하자면) 천사들은 그들이
살아 있는 자들 아니면 죽은 자들 사이로 움직이고
있는지 종종 모른다고 하지. 그 영원한
흐름은 두 영역을 통해 모든 세대를 휩쓸어가며
두 곳에서 그들의 음성을 압도한다.

결국 저들은, 때 이르게 타계한 저들은 우리를 더 이상
필요로 하지 않는다. 저들은 어머니의 젖가슴을 부드러이
졸업하듯, 지상적 관습에서 가만히 벗어난다. 하지만 그처럼
큰 비밀이 필요하고, 또 슬픔에서 그처럼 자주 지복한 고양을
맛본 우리가 ─ : 우리는 그들 없이 존재**할 수 있을까**?

milde der Mutter entwächst. Aber wir, die so große
Geheimnisse brauchen, denen aus Trauer so oft
seliger Fortschritt entspringt —: *könnten* wir sein ohne sie?
Ist die Sage umsonst, daß einst in der Klage um Linos
wagende erste Musik dürre Erstarrung durchdrang;
daß erst im erschrockenen Raum, dem ein beinah göttlicher Jüngling
plötzlich für immer enttrat, das Leere in jene
Schwingung geriet, die uns jetzt hinreißt und tröstet und hilft.

언젠가 리노스[5]를 위한 애도에서, 과감한 첫 음악이 메마른
마비상태를 녹이며 울려 퍼졌다는 전설은 헛된 것인가;
거의 신 같은 한 젊은이가 갑자기 영구히 빠져나감에 놀란
공간에서, 텅 빈 공백이 처음으로 떨림을 느끼고,
그것이 이제 우리를 매혹하고 위로하고 도와준다.

Die zweite Elegie

Jeder Engel ist schrecklich. Und dennoch, weh mir,
ansing ich euch, fast tödliche Vögel der Seele,
wissend um euch. Wohin sind die Tage Tobiae,
da der Strahlendsten einer stand an der einfachen Haustür,
zur Reise ein wenig verkleidet und schon nicht mehr furchtbar;
(Jüngling dem Jüngling, wie er neugierig hinaussah).
Träte der Erzengel jetzt, der gefährliche, hinter den Sternen
eines Schrittes nur nieder und herwärts: hochauf—
schlagend erschlüg uns das eigene Herz. Wer seid ihr?

Frühe Geglückte, ihr Verwöhnten der Schöpfung,
Höhenzüge, morgenrötliche Grate
aller Erschaffung, — Pollen der blühenden Gottheit,
Gelenke des Lichtes, Gänge, Treppen, Throne,
Räume aus Wesen, Schilde aus Wonne, Tumulte
stürmisch entzückten Gefühls und plötzlich, einzeln,
Spiegel: die die entströmte Schönheit
wiederschöpfen zurück in das eigene Antlitz.

제2 비가

모든 천사는 두렵다. 애달프다, 내
그대들을 알고 있음에도, 치명적일 법한 그대들,
영혼의 새들을 이제 노래하고 있다니.
토비아스[6]의 시절은 어디로 갔는가?
그 당시 아주 찬란한 천사 한 분이 여행 차림으로 변장을 하고,
무서운 모습은 진작 떨쳐버린 채, 소박한 집 대문에 서 있었지.
(호기심으로 밖을 내다보고 있던 청년에겐 청신한 모습이었지).
그 위험스런 천사장이 이제 별들 너머에서 이리로
한 발만 내딛어도 우리 자신의 가슴은 소스라치게
놀라 우리를 졸도시키리라. 그대들은 누구인가?

일찍 이룩한 자들, 창조의 응석받이들,
산맥들, 아침노을에 물든 그대들, 개벽의
산마루들, — 꽃피는 신성(神性)의 화분(花粉)들,
빛의 관절들, 통로들, 계단들, 왕좌들,
본질로부터 형성된 공간들, 환희의 방패들, 질풍 같은
황홀의 소용돌이들, 그리고 홀연히, 홀로,
거울들: 자기에게서 흘러나간 아름다움을
자신의 용모로 다시 거두어들이는 거울들.

Denn wir, wo wir fühlen, verflüchtigen; ach wir
atmen uns aus und dahin; von Holzglut zu Holzglut
geben wir schwächern Geruch. Da sagt uns wohl einer:
ja, du gehst mir ins Blut, dieses Zimmer, der Frühling
füllt sich mit dir ... Was hilfts, er kann uns nicht halten,
wir schwinden in ihm und um ihn. Und jene, die schön sind,
o wer hält sie zurück? Unaufhörlich steht Anschein
auf in ihrem Gesicht und geht fort. Wie Tau von dem Frühgras
hebt sich das Unsre von uns, wie die Hitze von eiem
heißen Gericht. O Lächeln, wohin? O Aufschaun:
neue, warme, entgehende Welle des Herzens —;
weh mir: wir *sinds* doch. Schmeckt denn der Weltraum,
in den wir uns lösen, nach uns? Fangen die Engel
wirklich nur Ihriges auf, ihnen Entströmtes,
oder ist manchmal, wie aus Versehen, ein wenig
unseres Wesens dabei? Sind wir in ihre
Züge soviel nur gemischt wie das Vage in die Gesichter
schwangerer Frauen? Sie merken es nicht in dem Wirbel
ihrer Rückkehr zu sich. (Wie sollten sie's merken.)

Liebende könnten, verstünden sie's, in der nachtluft
wunderlich reden. Denn es scheint, daß uns alles
verheimlicht. Siehe, die Bäume *sind*; die Häuser,

28 두이노의 비가

정녕 우리는 느끼기만 해도 증발한다; 아 우리는
숨을 내쉬며 비산(飛散)한다; 숯불에서 숯불로 이어가며
우리는 점점 약한 향을 발한다. 그러한 때 누군가가
우리에게 말하겠지: 그대는 내 핏속으로 들어오고,
이 침실과 이 봄은 그대의 영기(靈氣)로 차있고… 하지만
그게 무슨 소용인가! 그는 우리를 붙들지 못하지. 그의 속에서
또 그의 주위에서 우린 슬어진다. 오, 아름다운 이들을
누가 붙들어 두겠나? 끊임없이 그들의 얼굴에 어느
모습이 피어나다가 곧 슬어진다. 풀잎의 아침이슬처럼
우리 것은, 더운 음식에서 더운 김이 빠져나가듯, 우리에게서
날아간다. 오, 미소여, 어디로 가는가? 오, 위를 쳐다봄이여:
심장의 새로운, 따스한, 스러지는 설렘이여─;
애달프다: 그게 진정 **우리이다**. 세계 공간은 우리가
용해되는 그만치 우리의 맛을 내는 건가? 천사들은 정말
자신에게서 흘러나온 것만을 다시 붙잡는 것일까?
아니면, 가끔 실수라도 하듯, 우리 본질의 소량이 거기에
섞여있는 것이 아닐까? 그들의 모습 속에 우리들은
저 임산부의 막연한 얼굴 표정 같은 정도로만 섞여 있는
것일까? 그들은 그 자신에게로 귀환하는 소용돌이 속에서 그것을
눈치 채지 못하고 있다. (어찌 그것을 감지할 수 있겠는가.)

연인들은, 표현할 줄 안다면, 밤공기 속에서 기묘한 얘기를
속삭일 수 있으련만. 왜냐면 모든 것이 우리에게

die wir bewohnen, bestehn noch. Wir nur
ziehen allem vorbei wie ein luftiger Austausch.
Und alles ist einig, us zu verschweigen, halb als
Schande vielleicht und halb als unsägliche Hoffnung.

Liebende, euch, ihr in einander Genügten,
frag ich nach uns. Ihr greift euch. Habt ihr Beweise?
Seht, mir geschiehts, daß meine Hände einander
inne werden oder daß mein gebrauchtes
Gesicht in ihnen sich schont. Das gibt mir ein wenig
Empfindung. Doch wer wagte darum schon zu *sein*?
Ihr aber, die ihr im Entzücken des anderen
zunehmt, bis er euch überwältigt
anfleht: nicht *mehr* —: die ihr unter den Händen
euch reichlicher werdet wie Traubenjahre;
die ihr manchmal vergeht, nur weil der andre
ganz überhand nimmt: euch frag ich nach uns. Ich weiß,
ihr berührt euch so selig, weil die Liebkosung verhält,
weil die Stelle nicht schwindet, die ihr, Zärtliche,
zudeckt; weil ihr darunter das reine
Dauern verspürt. So versprecht ihr euch Ewigkeit fast
von der Umarmung.nUnd doch, wenn ihr der ersten
Blicke Schrecken besteht und die Sehnsucht am Fenster,
und den ersten gemeinsamen Gang, *ein* Mal durch den Garten:

입을 다문 듯 보이니까. 보라, 나무들이 **있다**; 우리가
사는 집들은 아직도 굳게 서 있다. 우리만이,
공기를 바꾸어 놓듯, 모든 것의 옆을 지나간다. 하여 모든 것은
약속이나 한 듯, 우리에게 침묵하는데, 반은 아마 수치스러워,
반은 말로 표현할 수 없는 희망이 있기 때문이리라.

서로의 품에서 충족을 맛본 연인들이여, 나는 그대들에게
우리에 대해 묻는다. 너희가 서로를 붙잡고 있다는 증명이 있는가?
보라, 나의 두 손이 서로 은밀히 붙잡고 있거나, 또는 나의
헤어진 얼굴을 감싸 안는 경우도 있다. 그것은
내게 어떤 감정을 조금 일으킨다. 하지만 누가 그것으로
인해 이미 존재해 **있다**고 감히 장담하겠는가?
하지만 타자가 압도되어 그대들에게 '이제 **그만**' 하고
애원할 때까지, 그 황홀감 속에서 커지는 그대들,
수확기의 포도송이처럼 서로서로 풍요로워지는
그대들, 다만 상대방이 압도적으로 되어감에 따라
이따금씩 스러져버리고 마는 그대들에게:
나는 우리에 대해 묻고자 한다. 나는 알고 있어,
그대들이 희열에 휩싸여 서로 만지고 있다는 것을. 이는
애무가 지탱해 주기 때문이고, 부드러운 손길로 감싸는 곳은
사라지지 않기 때문이지, 그건 그대들이 그 가운데서 저 순수한
지속을 감지하기 때문이다. 그렇게 서로의 포옹은
거의 영원을 서로에게 약속한다. 하지만 그대들이 그 첫
시선의 공포를, 창가에서의 동경을, 딱 **한 번** 처음으로 함께

Liebende, *seid* ihrs dann noch? Wenn ihr einer dem andern
euch an den Mund hebt und ansetzt —: Getränk an Getränk:
o wie entgeht dann der Trinkende seltsam der Handlung.

Erstaunte euch nicht auf attischen Stelen die Vorsicht
menschlicher Geste? war nicht Liebe und Abschied
so leicht auf die Schultern gelegt, als wär es aus anderm
Stoffe gemacht als bei uns? Gedenkt euch der Hände,
wie sie drucklos beruhen, obwohl in den Torsen die Kraft steht.
Diese Beherrchten wußten damit: so weit sind wirs,
dieses ist unser, uns so zu berühren; stärker
stemmen die Götter uns an. Doch dies ist Sache der Götter.

Fänden auch wir ein reines, verhaltenes, schmales
Menschliches, einen unseren Streifen Fruchtlands
zwischen Strom und Gestein. Denn das eigene Herz übersteigt uns
noch immer wie jene. Und wir können ihm nicht mehr
nachschaun in Bilder, die es besänftigen, noch in
göttliche Körper, in denen es größer sich mäßigt.

정원을 지나가는 산책을 잘 견디어낸다면:
연인들이여, 그대들은 여전히 같은 **사람인가**?
그대들이 서로의 입술을 포갤 때 ―: 음료 대 음료: 다음,
아, 마시는 자는 그 행위에서 묘하게 빠져나가지 않는가!

그대들은 아티카풍의 석비(石碑)에 새겨진 인간적 제스처의
용의주도함을 보고 경탄하지 않았던가? 사랑과 작별은
마치 우리네와는 다른 질료로 만들어진 듯 그 어깨 위에
그처럼 사뿐히 놓여 있지 않았던가? 몸통에는 힘이 돌고
있지만, 그 손들은 힘들이지 않고 쉬고 있음을 기억하는가?
이 자제할 줄 아는 이들은 그것으로써 보여주었다: 거기까지
또 **그 정도의** 어루만짐이 우리의 것이다; 신들은 더
강하게 우리를 떠받쳐준다. 하지만 그것은 신들의 일이다.

우리 또한 강과 암석 사이에서 어느 순수한, 절제된, 좁은
인간적인 땅, 우리의 기다란 옥토를 발견하면 좋으련만!
정녕 우리 자신의 마음은 저들처럼[7] 언제나 우리를
뛰어넘는다. 하지만 우리는 그러한 것을 완화시켜주는
그림들에서도 또는 더 위대하게 절제되어
있는 신들의 체격에서도 더 이상 찾아볼 줄 모른다.

Die dritte Elegie

Eines ist, die Geliebte zu singen. Ein anderes, wehe,
jenen verborgenen schuldigen Fluß-Gott des Bluts.
Den sie von weitem erkennt, ihren Jüngling, was weiß er
selbst von dem Herren der Lust, der aus dem Einsamen oft,
ehe das Mädchen noch linderte, oft auch als wäre sie nicht,
ach, von welchem Unkenntlichen triefend, das Gotthaupt
aufhob, aufrufend die Nacht zu unendlichem Aufruhr.
O des Blutes Neptun, o sein furchtbarer Dreizack.
O der dunkele Wind seiner Brust aus gewundener Muschel.
Horch, wie die Nacht sich muldet und höhlt. Ihr Sterne,
stammt nicht von euch des Liebenden Lust zu dem Antlitz
seiner Geliebten? Hat er die innige Einsicht
in ihr reines Gesicht nicht aus dem reinen Gestirn?

Du nicht hast ihm, wehe, nicht seine Mutter
hat ihm die Bogen der Braun so zur Erwartung gespannt.
Nicht an dir, ihn fühlendes Mädchen, an dir nicht
bog seine Lippe sich zum fruchtbarern Ausdruck.

제3 비가

하나는 연인을 노래하는 것이다. 다른 하나는, 애달프다,
저 감추어지고 죄진 피(血)의 하(河)-신(神)을 읊는 것이다.
그녀가 멀리에서 알아보는 그녀의 젊은 애인, 그 자신은,
쾌락의 군주로부터 무엇을 알 수 있는가? 군주는, 그녀가
미처 진정시키기도 전에, 그녀가 거기에 없다는 듯이,
오호라, 종종 그 고독한 가슴에서 알 수 없는 그 무엇을 뚝뚝 흘리며,
자신의 머리[8]를 쳐들며, 밤을 끝없이 요동치게 했다.
오, 피의 넵튠[9]이여, 오, 그의 무서운 삼지창이여!
오, 그 가슴의 휘감긴 조가비로부터 불어오는 어두운 바람이여!
밤이 패이고 도려내지는 소리를 들어보라. 별들이여, 연인의
얼굴을 바라는 애인의 쾌락이 그대들로부터 유래하는 것이
아닌가? 또 그녀의 순수한 얼굴을 꿰뚫어 보는 그의 내밀한
통찰력은 저 순수한 성좌에서 오는 것이 아닌가?

그의 눈썹을 그처럼 기대에 부풀어 만곡으로 휘게 한 것은
그대도, 오호라, 그의 어머니도 아니었다.
그의 입술을 더욱 풍요로운 모양으로 휘게 한 것은, 그대가 아니라,
그를 잘 알고 있는 소녀여, 그대의 입술로 말미암은 것은 아니었다.
봄바람처럼 거니는 그대, 그대는, 정말 그대의 사뿐한 등장이

Meinst du wirklich, ihn hätte dein leichter Auftritt
also erschüttert, du, die wandelt wie Frühwind?
Zwar du erschrakst ihm das Herz; doch ältere Schrecken
stürzten in ihn bei dem berührenden Anstoß.
Ruf ihn ... du rufst ihn nicht ganz aus dunkelem Umgang.
Freilich, er *will*, er entspringt; erleichtert gewöhnt er
sich in dein heimliches Herz und nimmt und beginnt sich.
Aber begann er sich je?
Mutter, *du* machtest ihn klein, du warsts, die ihn anfing;
dir war er neu, du beugtest über die neuen
Augen die freundliche Welt und wehrtest der fremden.
Wo, ach, hin sind die Jahre, da du ihm einfach
mit der schlanken Gestalt wallendes Chaos vertratst?
Vieles verbargst du ihm so; das nächtlich-verdächtige Zimmer
machtest du harmlos, aus deinem Herzen voll Zuflucht
mischtest du menschlichern Raum seinem Nacht-Raum hinzu.
Nicht in die Finsternis, nein, in dein näheres Dasein
hast du das Nachtlicht gestellt, und es schien wie aus Freundschaft.
Nirgends ein Knistern, das du nicht lächelnd erklärtest,
so als wüßtest du längst, *wann* sich die Diele benimmt ...
Und er horchte und linderte sich. So vieles vermochte
zärtlich dein Aufstehn; hinter den Schrank trat
hoch im Mantel sein Schicksal, und in die Falten des Vorhangs
paßte, die leicht sich verschob, seine unruhige Zukunft.

그에게 충격을 주었다고, 그렇게 생각하는가?
그대가 그의 마음을 놀래주긴 하였다. 하지만 더 오래된
공포들이 충격적 접촉의 순간에 그를 엄습하였다.
그를 불러보라… 그대는 그를 어두운 동료들에게서 떼지 못한다.
물론 그는 **애써서** 빠져나온다. 그는 안도한 듯 그대의
은밀한 가슴 속으로 파고들어 설자리를 취(取)하고 자신을 시작한다.
하지만 그가 시작했다는 것이 맞을까?

어머님, **당신은** 그를 작게 만들었어요[10]. 그를 시작하게 한 것은
당신이었죠. 당신의 시야에 그는 새로웠고, 그 새로운 눈에 당신은
허리를 굽혀 다정한 세계를 나타내셨고 낯선 세계를 막아주셨죠.
아, 밀어닥치는 혼돈 대신 단지 당신의 날씬한 자태를
그에게 보여주었던 그 시절은 어디로 갔나요? 당신은
그때 그렇게 많은 것을 그에게 감추었고, 밤에 음산해지는
방을 무해하게 하였고, 피난처인 당신의 가슴으로부터
그의 밤―공간에 보다 인간적 공간을 섞어주셨어요.
당신은 어둠 속이 아니라 더 가까운 곳에 야간 등을
놓아두셨고, 그것은 다정한 듯 비쳤어요. 당신은 어떤 바스락
소리가 나도 미소 지으며 설명하셨기에, **언제** 마루청이
삐걱거릴 줄… 이미 오래전부터 알고 있으신 것 같았어요.
하여 그는 귀 기울여 듣고 진정하였죠. 당신의 다정히 서 있는 모습은
그처럼 많은 것을 해냈어요. 키가 크고 망토를 입은
그의 숙명은 장롱 뒤로 물러섰고, 그의 불안한 미래는
잠시 주춤하다가, 커튼의 주름 사이로 잦아들어 갔죠.

Und er selbst, wie er lag, der Erleichterte, unter
schläfernden Lidern deiner leichten Gestaltung
Süße lösend in den gekosteten Vorschaf — :
schien ein Gehüteter ... Aber *innen*: wer wehrte,
hinderte innen in ihm die Fluten der Herkunft?
Ach, da *war* keine Vorsicht im Schlagenden; schlafend,
aber träumend, aber in Fiebern: wie er sich ein—ließ.
Er, der Neue, Scheuende, wie er sich verstrickt war,
mit des innern Geschehns weiterschlagenden Ranken
schon zu Mustern verschlungen, zu würgendem Wachstum, zu tierhaft
jagenden Formen. Wie er sich hingab —, Liebte.
Liebte sein Inneres, seines innern Wildnis,
diesen Urwald in ihm, auf dessen stummem Gestürztsein
lichtgrün sein Herz stand. Liebte. Verließ es, ging die
eigenen Wurzeln hinaus in gewaltigen Ursprung,
wo seine kleine Geburt schon überlebt war. Liebend
stieg er hinab in das ältere Blut, in die Schluchten,
wo das Furchtbare lag, noch satt von den Vätern. Und jedes
Schreckliche kannte ihn, blinzelte, war wie verständigt.
Ja, das Entsätzliche lächelte ... Selten
hast du so zärtlich gelächelt, Mutter. Wie sollte
er es nicht lieben, da es ihm lächelte. *Vor* dir
hat ers geliebt, denn, da du ihn trugst schon,

하여 홀가분해진 채 누워, 졸린 눈꺼풀 아래
온화한 현상(現象)에 관한 당신의 달콤한 설명을 다가오는
잠에 섞는 그 자신의 ─: 그 보호받은 자의
모습이었다… 하지만 **내면에서**: 누가 그 아이 내면에서
그 출생의 물결들을 막아주고 저지하였던가?
오호라, 잠자는 자의 마음속에는 어떤 경각심도 **없었어라**.
자면서도, 하지만 꿈꾸면서 또 열병을 앓으며 첫발을 내딛었다.
풋내기인 그가, 겁 많은 그가 계속 뻗어가는 내면의 사건에,
이미 원시적 무늬로, 목을 죄는 덤불의 형태로, 배회하는 야수의
형태로 뒤틀리며 뒤엉켰던 것이었다,
그는 거기에 순응하였다─. 사랑하였다.
그의 내면을, 그의 내면의 황야를, 바로 그의 마음속
원시림을 사랑하였노라, 그 말없는 퇴적더미 위에서
그의 마음은 청신하게 서 있었다. 사랑하였다. 그것을 떠나,
그의 작은 탄생보다 이미 오래 산 자신의 뿌리를 거쳐,
그 거대한 시원(始原)을 향해 나아갔다. 사랑하면서
그는, 보다 해묵은 핏속으로, 무서움이 잠복해 있는 협곡으로
내려갈 때, 여전히 조상(祖上)들로 실컷 채워져 있었다. 하여
무서운 것은 저마다 그를 알아보고 윙크하며 이해하는 듯했다.
그렇다, 섬뜩한 것은 미소 짓고 있었다… 당신이 그처럼
다정하게 미소 지은 적은 드물었지요, 어머님. 그가 어찌
그에게 미소 짓고 있는 것을 사랑하지 않을 수 있겠어요? 당신 **이전**
오래전에 그는 그걸 사랑했죠. 하긴, 당신이 이미 그를 배고 있는 동안,

war es im Wasser gelöst, das den Keimenden leicht macht.
Siehe, wir lieben nicht, wie die Blumen, aus einem
einzigen Jahr; uns steigt, wo wir lieben,
unvordenklicher Saft in die Arme. O Mädchen,
dies: daß wir liebten *in* uns, nicht Eines, ein Künftiges, sondern
das zahllos Brauende; nicht ein einzelnes Kind,
sondern die Väter, die wie Trümmer Gebirgs
uns im Grunde beruhn; sondern das trockene Flußbett
einstiger Mütter —; sondern die ganze
lautlose Landschaft unter dem wolkigen oder
reinen Verhängnis —: *dies* kam dir, Mädchen, zuvor.

Und du selber, was weißt du —, du locktest
Vorzeit empor in dem Liebenden. Welche Gefühle
wühlten herauf aus entwndelten Wesen. Welche
Frauen haßten dich da. Was für finstere Männer ,
regtest du auf im Geäder des Jünglings? Tote
Kinder wollten zu dir ... O leise, leise,
tu ein liebe vor ihm, ein verläßliches Tagwerk, — führ ihn
nah an den Garten heran, gib ihm der Nächte
Übergewicht ......
        Verhalt ihn ....

그것은 싹트는 씨앗을 가벼이 해주는 물[11]에 용해되어 있었죠.

보라, 우리가 사랑하는 때에는 꽃들처럼 단 한 철에만 국한되는
것이 아니다. 우리가 사랑할 때 우리의 팔에
태곳적(太古) 체액이 솟아오른다. 오, 소녀여,
바로 **이 사실**: 우리는 우리 **안에** 언젠가 나타날 한 사람이 아니라,
그 무수한 발효를 사랑했음이라; 우리가 사랑한 것은
단지 하나의 아기가 아니라 함락된 산맥처럼 우리 근저에 거(居)하고
있는 조상들이었다, 아니 예전 어머니들의 메마른 하상(河床)이었다—;
아니 구름 낀 혹은 맑게 갠
숙명의 하늘 아래 펼쳐진 소리 없는 전경 전체였음이라—:
바로 **이것이**, 소녀여, 그대보다 앞서 왔다.

그리고 그대 자신은 잘 모르겠지만—, 그대가 애인의 마음속에
선사시대(先史時代)를 일깨어 놓았다. 어떤 감정들이
지나가버린 존재들에서 솟구쳐 올라왔던가! 어느
여인들이 거기에서 그대를 미워했던가! 그대는 무슨
음울한 남자들을 그 젊은이의 혈관 속에서 자극해 냈던가!
죽은 아이들이 그대에게 도달하고자 하였다 … 오, 가만히, 가만히
그의 목전에서 사랑스러운, 신뢰할 만한 일과를 이룩하라.
—그를 정원 가까이 인도하라, 그에게 가장 무거운 밤을 뛰어넘는
것을 허락하라 ······

        그를 붙들어 두어라 ······

Die vierte Elegie

O Bäume Lebens, o wann winterlich?
Wir sind nicht einig. Sind nicht wie die Zug-
vögel verständigt. Überholt und spät,
so drängen wir uns plötzlich Winden auf
und fallen ein auf teilnahmslosen Teich.
Blühn und verdorrn ist uns zugleich bewußt.
und irgendwo gehn Löwen noch und wissen,
solang sie herrlich sind, von keiner Ohnmacht.

Uns aber, wo wir Eines meinen, ganz,
ist schon des andern Aufwand fühlbar. Feindschaft
ist uns das Nächste. Treten Liebende
nicht immerfort an Ränder, eins im andern,
die sich versprachen Weite, Jagd und Heimat.
 Da wird für eines Augenblickes Zeichnung
ein Grund von Gegenteil bereitet, mühsam,
daß wir sie sähen; denn man ist sehr deutlich
mit uns. Wir kennen den Kontur
des Fühlens nicht: nur was ihn formt von außen.

제4 비가

오, 생명의 나무들[12]이여, 오 언제 그대의 겨울이 올까?
우리는 한마음 한뜻이 아니다. 철새처럼 숙지하고
있지도 않다. 추월당하고 뒤쳐진 우리는,
허겁지겁 바람에 몸을 날려,
얼음 덮인 연못 위로 풍덩 내려앉는다.
꽃핌과 메마름을 우리는 동시에 의식하지.
어느 곳에선가 사자들은 여전히 배회하고, 그들의
늠름한 기상 속에서는, 어떤 나약함도 알지 못한다.

하지만 우리가, 어느 한 가지를 염두에 두면,
벌써 다른 것의 비용이 온통 감지된다. 반감은
우리에게 가장 가까운 것이다. 서로에게
넉넉한 공간, 사냥, 가정을 약속했던 연인들은
언제나 서로의 한계에 다다른 것이 아닌가?
 그래서 한순간의 스케치를 위해서도, 대조적인
바탕이 힘겹게 마련되어지는 것은 우리가
그것을 보게 하려 함이라; 하긴 세상은 우리에게
매우 뚜렷하게 요구한다. 우리는 자신의 감정의 윤곽을 파악하지
못하고, 단지 외부로부터 그것을 형성하는 것을 본다.

Wer saß nicht bang vor seines Herzens Vorhang?
Der schlug sich auf; die Szenerie war Abschied.
Leicht zu verstehen. Der bekannte Garten,
und schwankte leise; dann erst kam der Tänzer.
Nicht *der*, Genug! Und wenn er auch so leicht tut,
er ist verkleidet und er wird ein Bürger
und geht durch seine Küche in die Wohnung.

Ich will nicht diese halbgefüllten Masken,
lieber die Puppe. Die ist voll. Ich will
den Balg aushalten und den Draht und ihr
Gesicht aus Aussehn. Hier. Ich bin davor.
Wenn auch die Lampen ausgehn, wenn mir auch
gesagt wird: nichts mehr —, wenn auch von der Bühne
das Leere herkommt mit dem grauen Luftzug,

Hab ich nicht recht? Du, der um mich so bitter
das Leben schmeckte, meines kostend, Vater,
den ersten trüben Aufguß meines Müssens,
da ich heranwuchs, immer wieder kostend
und mit dem Geschmack so fremder Zukunft
beschäftigt, prüftest mein beschlagnes Aufschaun, —
der du, mein Vater, seit du tot bist, oft
in meiner Hoffnung, innen in mir, Angst hast,
und Gleichmut, wie ihn Tote haben, Reiche

누가 마음의 커튼 앞에 앉아, 마음을 조인 적이 없겠는가?
커튼이 열렸다: 장면은 작별이었다.
쉽게 이해가 간다. 익히 아는 정원,
그게 조금 흔들렸다: 그러더니 무용수가 나왔다.
저이는 안 돼. 이제 그만. 그가 아무리 경쾌하게 춤춘다 해도
그는 변장한 것에 지나지 않아, 이제 부르주아가 되어
부엌을 지나 거실로 들어간다.

나는 반쯤 채워진 가면들을 원치 않아,
차라리 인형이 낫겠다. 그것은 꽉 차있다.[13] 나는
그 몸통과 철사 줄과 외형일 뿐인 용모를
감내하고자 한다. 여기서. 나는 기다리고 있다.
심지어 전등이 나간다 해도, 심지어 "더 없어요"라는
말을 듣는다 해도, — 심지어 그 무대로부터 우중충한
통풍을 타고 공허함이 흘러내린다 해도,
심지어 나의 조용한 선조(先祖)들 중 그 누구도 나와 함께
더 이상 앉아있지 않아도, 어떤 여인도, 저
갈색 사팔눈을 한 소년[14]마저도:
나는 여전히 머무를 것이다. 언제나 볼 것이 있을 테니까.

제말이 옳지 않은가요? 아버님께선, 내 삶을 음미한 후
너무나 씁쓸한 삶을 맛보았지요, 내가 자라나면서
가야했던 행로(行路)에서 첫 번째 달여 낸
혼탁한 즙을 언제나 다시 맛보시며,
너무나 낯선 미래의 뒷맛에 신경을 곤두세우며

von Gleichmut, aufgibst für mein bißchen Schicksal,
hab ich nicht recht? Und ihr, hab ich nicht recht,
die ihr mich liebtet für den kleinen Anfang
Liebe zu euch, von dem ich immer abkam,
weil mir der Raum in eurem Angesicht,
da ich ihn liebte, überging in Weltraum,
in dem ihr nicht mehr wart... : wenn mir zumut ist,
zu warten vor der Puppenbühne, nein,
so völlig hinzuschaun, daß, um mein Schauen
am Ende aufzuwiegen, dort als Spieler
ein Engel hinmuß, der die Bälge hochreißt.
Engel und Puppe: dann ist endlich Schauspiel.
Dann kommt zusammen, was wir immerfort
entzwein, indem wir da sind. Dann entsteht
aus unsern Jahreszeiten erst der Umkreis
des ganzen Wandelns. Über uns hinüber
spielt dann der Engel. Sieh, die Sterbenden,
sollten sie nicht vermuten, wie voll Vorwand
das alles ist, was wir hier leisten. Alles
ist nicht es selbst. O Stunden in der Kindheit,
da hinter den Figuren mehr als nur
Vergangnes war und vor uns nicht die Zukunft.
Wir wuchsen freilich und wir drängten manchmal,
bald groß zu werden, denen halb zulieb,

나의 우울한 시선을 눈여겨보시던 당신,
나의 아버님, 당신은 돌아가신 후에도 가끔
나의 마음 속 희망의 한복판에서 내 안녕을 염려하시며,
망자(亡者)들이 누리는 태연함을, 태연함의
영역을 한 줌인 내 숙명을 위해 포기하십니다.
제말이 옳지 않은가요? 더욱이, 제말이 옳지 않은가요?
여인들, 당신들을 향한 작은 사랑의 시작으로 인해, 그것에서
늘 이탈했지만, 저를 사랑하셨던 당신들, 그 이유인즉,
당신 얼굴에 드리운 공간이, 제가 사랑할 때조차도,
우주적 공간으로 변모하였고, 그 속에서
당신들은 더 이상 존재하지 않았었죠…: 내가
인형 무대 앞에서 기다려야만 한다면, 아니, 그처럼 강렬히
저 위를 응시해야만 한다면, 끝내 나의 시선을
상쇄하기 위하여, 가장(假裝)을 뒤집어 쓴 천사가 거기에
와서 배우로서의 역할을 담당해야만 하는 것이 아닌가!
천사와 인형: 그러면 연극이 드디어 이루어진다.
그러면 우리가 바로 현존해 가면서 줄곧 갈라놓은 것이
합치된다. 오직 그때에야 우리 삶의 계절들에서 온전한
순환 행로(行路)가 비로소 생성된다. 그러면 우리 머리 위로
천사가 연기(演技)한다. 죽어가고 있는 이들을 봐라,
그들이 우리가 여기서 성취한 그 모든 것이 온통
구실(口實)로 가득 찬 것을, 모든 것이 그 자체가 아닌 것을,
추측하지 못할 리가 있겠는가! 오, 유년 시절의 시간들,
그때 그 인물들 뒤에는 단순히 과거 이상의 것이

die andres nicht mehr hatten, als das Großsein.
Und waren doch, in unserem Alleingehn,
mit Dauerndem vergnügt und standen da
im Zwischenraume zwischen Welt und Spielzeug,
an einer Stelle, die seit Anbeginn
gegründet war für einen reinen Vorgang.

Wer zeigt ein Kind, so wie es steht? Wer stellt
es ins Gestirn und gibt das Maß des Abstands
ihm in die Hand? Wer macht den Kindertod
aus grauem Brot, das hart wird, — oder läßt
ihn drin im runden Mund, so wie den Gröps
von einem schönen Apfel? …… Mörder sind
leicht einzusehen. Aber dies: den Tod,
den ganzen Tod, noch *vor* dem Leben so
sanft zu enthalten und nicht bös zu sein,
ist unbeschreiblich.

있었고, 우리 앞에 놓여 있는 것은 미래가 아니었다.
우리는 의당히 자라고 있었고 때로는 곧 어른이 되기를
재촉하였지, 그것은 어른이라는 사실 외에 그 어떤 것도
더 가지지 못한 이들에게 반쯤 애착이 갔었기 때문이다.

그럼에도 우리는 스스로하고 놀 때, 정말
영구히 계속되는 것에만 매료되었고, 거기
세계와 장난감 사이 그 공간에 서 있곤 하였다,
그 자리는 시초(始初)부터 어느
순수한 사건을 위한 토대로 마련된 것이었다.

누가 어린아이에게 있는 그대로 보여주겠는가? 누가
아이를 그의 성좌에 올려놓고 거리의 척도 자를 그의 손에
쥐어주겠는가? 누가 딱딱한 잿빛 빵으로
아이의 죽음을 만드나?, ―혹은 그것을
그의 둥근 입속에 마치 달콤한 사과의
심인 양 남겨두는가?… 살인자들은
쉽게 간파된다. 그러나 이것이: 죽음을, 그
죽음 전체를, 삶을 채 시작하기도 **전에**, 그처럼
부드러이 포용하며 성내지 않는다는 것은
더 이상 필설로 옮길 수 없는 것이다.

Die fünfte Elegie
Frau Hertha Koenig zugeeignet

Wer aber *sind* sie, sag mir, die Fahrenden, diese ein wenig
Flüchtigern noch als wir selbst, die dringend von früh an
wringt ein *wem, wem* zu Liebe
niemals zufriedener Wille? Sondern er wringt sie,
biegt sie, schlingt sie und schwingt sie,
wirft sie und fängt sie zurück; wie aus geölter,
glatterer Luft kommen sie nieder
auf dem verzehrten, von ihrem ewigen
Aufsprung dünneren Teppich, diesem verlorenen
Teppich im Weltall.
Aufgelegt wie ein Pflaster, als hätte der Vorstadt-
Himmel der Erde dort wehe getan.
                        Und kaum dort,
aufrecht, da und gezeigt: des Dastehns
großer Anfangsbuchstab…, schon auch, die stärksten
Männer, rollt sie wieder, zum Scherz, der immer
kommende Griff, wie August der Starke bei Tisch
einen zinnenen Teller.

제5 비가
헤르타 쾨니히 부인에게 바침[15]

우리 자신보다 조금 더 덧없는 저 유랑 곡예사들은 대체
누구인가? 내게 말해보라, 아주 어린 시절부터 너무나 절박하게
저들을 쥐어짜는, 결코 만족하지 못하는 저 의지는 **누구, 누구에게**
잘 보이기 위함인가? 그것은 참말 저들을 비틀고,
저들을 구부리고, 저들을 비비꼬고 또 저들을 흔들고,
저들을 던지고 또 저들을 되잡는 일을 거듭한다.
기름을 친 미끈한 대기를 탄 듯,
지속적으로 도약하여 더욱 얇아지고 해진 양탄자 위로,
우주 속에서 버림받은 이 양탄자 위로
그들이 내려앉는다.
마치 교외의 하늘이 땅 위에 상처를 입힌 듯,
그것은 고약을 붙인 듯 그 위에 놓여 있다.
     그리고 거기에 있기가 무섭게
거기서 똑바로 선 채 보여주는 것: 글자 Dastehn의
대문자 D[16]처럼…, 그런 다음 심지어 가장 힘센
남자들을 장난치듯 다시 한 번 회전시키고
지속적으로 붙잡는 묘기, 이는 저 아우구스투스 강자[17]가
식탁에서 주석 접시를 다루는 솜씨랄까.

Ach und um diese
Mitte, die Rose des Zuschauns:
blüht und entblättert. Um diesen
Stampfer, den Stempel, den von dem eignen
blühenden Staub getroffnen, zur Scheinfrucht
wieder der Unlust befruchteten, ihrer
niemals bewußten, — glänzend mit dünnster
Oberfläche leicht scheinlächelnden Unlust.

Da: der welke, faltige Stemmer,
der alte, der nur noch trommelt,
eingegangen in seiner gewaltigen Haut, als hätte sie früher
zwei Männer enthalten, und einer
läge nun schon auf dem Kirchhof, und er überlebte den andern,
taub und manchmal ein wenig
wirr, in der verwitweten Haut.

Aber der junge, der Mann, als wär er der Sohn eines Nackens
und einer Nonne: prall und strammig erfüllt
mit Muskeln und Einfalt.

Oh ihr,
die ein Leid, das noch klein war,
einst als Spielzeug bekam, in einer seiner

아, 이 중심부를
둘러싼 관람의 장미가[18]:
꽃피다가 잎이 지듯 흩어진다. 이
절굿공이 주위로, 이 암술은 자기 자신의 먼지
꽃가루에 사로잡혀, 자기의 역겨움을 전혀
의식하지 않고, 다시금 역겨움의 가짜 과일이
맺히도록 수정(受精)하는데, 그 번쩍이는 역겨움은
가장 얇은 표면에서 가볍게 가짜 미소를 짓는다.

거기 그 시든, 쭈글쭈글한 늙은이는, 한때
들어 올리는 자였지만,[19] 이제는 북만 치고 있다,
전 같으면 **두** 남자가 들어갈 법한
그의 거대한 피부는 쪼그라들어, 아마도 하나는
이미 교회 묘지 신세이고, 다른 하나는 살아남아
귀먹고 때때로 약간 안절부절못한 채
과부가 된 피부 속에 거하였다.

하지만 저 젊은이, 어떤 목 굵은 자와 수녀의
아들인 이 남자는: 이젠 근육과 단순함으로
탄력 있고 탄탄하게 채워져 있다.

오 너희를,
아직은 작았던 어떤 아픔이 한때
장난감으로 삼았었지. 아프다간

두이노의 비가 53

langen Genesungen...

Du, der mit dem Aufschlag,
wie nur Früchte ihn kennen, unreif,
täglich hundertmal abfällt vom Baum der gemeinsam
erbauten Bewegung (der, rascher als Wasser, in wenig
Minuten Lenz, Sommer und Herbst hat) –
abfällt und anprallt ans Grab:
manchmal, in halber Pause, will dir ein liebes
Antlitz entstehn hinüber zu deiner selten
zärtlichen Mutter; doch an deinen Körper verliert sich,
der es flächig verbraucht, das schüchtern
kaum versuchte Gesicht ... Und wieder
klatscht der Mann in die Hand zu dem Ansprung, und eh dir
jemals ein Schmerz deutlicher wird in der Nähe des immer
trabenden Herzens, kommt das Brennen der Fußsohln
ihm, seinem Ursprung, zuvor mit ein paar dir
rasch in die Augen gejagten leiblichen Tränen.
Und dennoch, blindlings,
das Lächeln ......

Engel! o nimms, pflücks, das kleinblütige Heilkraut.
Schaff eine Vase, verwahrs! Stells unter jene, uns *noch* nicht
offenen Freuden; in lieblicher Urne

장기간 회복되곤 하던 그런 때였지.

그대는 매일같이, 익지 않은 과일들만이
아는 철썩 소리와 함께,
공동으로 세운 운동의 — (물보다도 더 빠르게
봄, 여름, 가을을 이삼 분만에 통과하는) — 나무에서
매일같이 백번은 떨어지고 그 무덤에 부딪쳐 되튀기네:
때때로 짧은 순간에 그대의 얼굴에 한 애정 어린
모습이 별로 다정한 적이 없던 그대의
어머니에게 향하고자 한다. 하지만 거의 시도하지
못했던 그 시선은, 수줍게 그것을 표면에 재빨리
흡수해버리는 네 몸에서, 소멸한다… 다시금
그 남자는 뛰어내리라고 손뼉을 치고, 그대의 자꾸
뛰는 가슴팍의 언저리에서 고통이 더 뚜렷하게
느껴지기도 전에, 발바닥의 따끔거림은 정녕
자신의 진원지보다 앞서 그대의 눈에 두어 방울의
육체 눈물을 왈칵 솟구치게 한다.
그럼에도, 맹목적으로,
미소는……

천사여! 저 꽃피는 작은 약초를 잡아 꺾어라.
화병을 마련하여 그것을 보관하라! 그것을 우리에게
아직은 열려있지 않은 기쁨들 사이에 놓아라. 사랑스러운

rühms mit blumiger schwungiger Aufschrift:
«Subrisio Saltat.».

　Du dann, Liebliche,
du, von den reizendsten Freuden
stumm Übersprungne. Vielleicht sind
deine Franzen glücklich für dich —,
oder über den jüngen
prallen Brüsten die grüne metallene Seide
fühlt sich unendlich verwöhnt und entbehrt nichts.
Du,
immerfort anders auf alle des Gleichgewichts schwankende Waagen
hingelegte Marktfrucht des Gleichmuts,
öffentlich unter den Schultern.

Wo, o *wo* ist der Ort — ich trag ihn im Herzen —.
wo sie noch lange nicht *konnten*, noch von einander
abfieln, wie sich bespringende, nicht recht
paarige Tiere; —
wo die Gewichte noch schwer sind;
wo noch von ihren vergeblich
wirbelnden Stäben die Teller
torkeln…..

단지에 넣어 찬양하고, 활기차게 꽃피는 표제를 부쳐라:
"곡예사의 미소"[20]

그다음 그대, 귀여운 여인이여,
가장 감미로운 기쁨들이 말없이
건너뛴 그대. 아마도 그대 옷의
주름 장식들은 그대를 대신해서 행복하리라 —,
혹은 젊고
팽팽한 그대 젖가슴 위로 펼쳐진 금속성 초록 비단은
끝없이 탐닉하며 아무런 부족을 느끼지 못한다,
그대,
흔들리며 평형을 유지하는 모든 천칭 접시에,
공공연히 어깨들 사이로,
지속해서 위치를 바꿔 놓이는 평정(平靜)의 노점 과일.

어디, 오, **어디에** 그 장소가 있나? —내 마음속에 심어둔 그곳—,
그들은 여전히 **기술이 부족하여**, 여전히
서로서로 떨어져 있는 곳, 올라타고자 하나
제대로 짝짓기를 못하는 동물들처럼; -
중량이 여전히 무겁게 나가는 곳;
접시들이 공연히 빙빙 도는 그들의
막대기들에서 여전히 비틀거리다
떨어져 나가는 곳……[21]

Und plötzlich in diesem mühsamen Nirgends, plötzlich
die unsägliche Stelle, wo sich das reine Zuwenig
unbegreiflich verwandelt —, umspringt
in jenes leere Zuviel.
Wo die vielstellige Rechnung
zahlenlos aufgeht.

Plätze, o Platz in Paris, unendlicher Schauplatz,
wo die Modistin, *Madame Lamort*,
die ruhlosen Wege der Erde, endlose Bänder,
schlingt und windet und neue aus ihnen
Schleifen erfindet, Rüschen, Blumen, Kokarden, künstliche
 Früchte —, alle
unwahr gefärbt, — für die billigen
Winterhüte des Schicksals.
....

Engel!: Es wäre ein Platz, den wir nicht wissen, und dorten,
auf unsäglichem Teppich, zeigten die Liebenden, die's hier
bis zum Können nie bringen, ihre kühnen
hohen Figuren des Herzschwungs,
ihre Türme aus Lust, ihre
längst, wo Boden nie war, nur an einander

한데 갑자기 아무데도 아닌 이 고달픈 곳에, 갑자기
그 순수한 작디작은 것이 이해할 수 없게 변용되는 곳인,
그 형언할 수 없는 자리가 –, 빙글빙글 솟구치며
저 텅 빈 과다로 전환한다.
거기서 많은 자릿수의 계산이
나머지 없이 맞아떨어진다.

광장들, 오 파리에 있는 광장, 무한한 전시 광장,
거기서 유행 재단사 **라모르 부인**은
세상의 쉼 없는 방식들로, 끝없는 리본들을
휘감고, 매고, 또 그것들로부터 새로운
레이스, 주름 장식, 꽃, 휘장, 인조 과일을 창안하니,
그 모두는, ― 허위적으로 채색된 ― 운명의
값싼 겨울 모자를 위함이다.
....

천사여!: 우리가 모르는 광장이 어딘가에 있다면, 저기,[23]
형언키 어려운 어떤 양탄자 위에, 여기서는 연인들이 결코
이룩하지 못하는 모든 능력을―그들의 고양된 심장의 대담하고
드높은 자태들을 보여줄 수 있다면,
이는 즐거움으로 이루어진 그들의 탑들이며, 오래전부터
토대가 전혀 없던 곳에, 떨면서, 오직 서로 기대며
세운 사닥다리인 것이다, ― **거기서 그렇게 할 수 있었으면**,

lehnenden Leitern, bebend, — und *könntens*,
vor den Zuschauern rings, unzähligen lautlosen Toten:
 Würfen die dann ihre letzten, immer ersparten,
immer verborgenen, die wir nicht kennen, ewig
gültigen Münzen des Glücks vor das endlich
wahrhaft lächelnde Paar auf gestilltem
Teppich?

에워싼 관람자들 앞에, 정적(靜寂) 속에 있는 셀 수 없는 죽은 자들이:
이들이, 그러면, 우리가 알지 못하는바 그들의 마지막,
언제나 아껴두고, 언제나 간직하고 있던,
영원히 유효한 행복의 동전들을,
조용해진 양탄자 위에 서서 마침내 참되게 미소 짓는
연인들 앞에 던져주겠는가?

Die sechste Elegie

Feigenbaum, seit wie lange schon ists mir bedeutend,
wie du die Blüte beinah ganz überschlägst
und hinein in die zeitig entschlossene Frucht,
ungerühmt, drängst dein reines Geheimnis.
Wie der Fontäne Rohr treibt dein gebognes Gezweig
abwärts den Saft und hinan: und er springt aus dem Schlaf,
fast nicht erwachend, ins Glück seiner süßesten Leistung.
Sieh: wie der Gott in den Schwan.

                 …… Wir aber verweilen,
ach, uns rühmt es zu blühn, und ins verspätete Innre
unserer endlichen Frucht gehn wir verraten hinein.
Wenigen steigt so stark der Andrang des Handelns,
daß sie schon anstehn und glühn in der Fülle des Herzens,
wenn die Verführung zum Blühn wie gelinderte Nachtluft
ihnen die Jugend des Munds, ihnen die Lider berührt:
Helden vielleicht und den frühe Hinüberbestimmten,
denen der gärtnernde Tod anders die Adern verbiegt.
Diese stürzen dahin: dem eigenen Lächeln
sind sie voran, wie das Rossegespann in den milden

제6 비가

무화과나무여, 벌써 아주 오래전부터 내게 의미를
주는 방식은 네가 꽃피는 것을 거의 완전히 뛰어넘고,
칭송도 없이 너의 순수한 비밀을 때맞추어
결연한 열매 속으로 던져 넣는 모습이다.
분수(噴水)의 관처럼 굽은 너의 가지들은 즙을
아래위로 나른다: 하여 나무는 거의 깨지 않은 채,
잠에서 그의 가장 달콤한 성취의 기쁨으로 뛰어오른다.
보라: 백조로 변하는 제우스를.[24]

     …… 하지만 우리는 여전히 머뭇거린다.
아, 우리에게는 꽃필 때 영광이 있다. 하여 우리의 마지막
과일의 지체된 핵심 속으로 탄로된 채 들어간다.
꽃핌의 유혹이, 부드러운 밤바람처럼, 그들이
누리는 청춘의 입가와 눈썹을 부드럽게 스치면,
극소수에게 행동의 충동이 너무나 강하게 일어나 그들은
이미 채비를 차리고 서서 충일감 속에 달아오른다:
아마도 원예사 같은 죽음은 영웅들과 저 때 이르게
타계토록 점 찍힌 저들의 혈관을 달리 휘어지게 한다.
이들은 저리로 돌진한다: 그들은 자신의 미소보다 앞서 나가고
있어, 마치 카르나크의 부드럽게 돋을새김 한 벽화들[25]에서

두이노의 비가   63

muldigen Bildern von Karnak dem siegenden König.

Wunderlich nah ist der Held doch den jugendlich Toten. Dauern
ficht ihn nicht an. Sein Aufgang ist Dasein; beständig
nimmt er sich fort und tritt ins veränderte Sternbild
seiner steten Gefahr. Dort fänden ihn wenige. Aber,
das uns finster verschweigt, das plötzlich begeisterte Schicksal
singt ihn hinein in den Sturm seiner aufrauschenden Welt.
Hör ich doch keinen wie *ihn*. Auf einmal durchgeht mich
mit der strömenden Luft sein verdunkelter Ton.

Dann, wie verbärg ich mich gern vor der Sehnsucht: O wär ich,
wär ich ein Knabe und dürft es noch werden und säße
in die künftigen Arme gestützt und läse von Simson,
wie seine Mutter erst nichts und dann alles gebar.

War er nicht Held schon in dir, o Mutter, begann nicht
dort schon, in dir, seine herrische Auswahl?
Tausende brauten im Schooß und wollten *er* sein,
aber sieh: er ergriff und ließ aus —, wählte und konnte.
Und wenn er Säulen zerstieß, so wars, da er ausbrach
aus der Welt deines Leibs in die engere Welt, wo er weiter
wählte und konnte. O Mütter der Helden, o Ursprung
reißender Ströme! Ihr Schluchten, in die sich

승리를 거두는 왕에 앞서가는 한 필의 준마를 연상케 한다.

기이하게도 영웅은 젊어서 죽은 자들에 가깝다. 영속성은
그에게 관심 밖이다. 그의 상승이 현존재다. 그는 꾸준히
자리를 뜨고, 그의 상존하는 위험으로 바뀌어버린 성좌 속으로
들어간다. 거기에서 그를 찾아보기란 힘들 것이리라.[26] 하지만
우리에게 음울하게 침묵하고 있는, 갑자기 영감 받은 운명이
그를 그의 술렁거리는 세계의 폭풍 속으로 노래하며 몰아간다.
그의 음성 같은 것은 정녕 듣지 못한다. 갑자기 나를 관류하는
것은 대기와 더불어 흘러오는 그의 둔탁한 음향이다.

그러면 나는 그 동경으로부터 얼마나 기쁘게 몸을 숨기고 싶을까[28]:
만약 내가, 내가 어린아이라면, 아직 그렇게 될 수 있다면, 미래의 팔에
기대어 앉아, 삼손에 관해, 그의 어머니가 처음엔 아무것도 아닌 것을,
다음엔 모든 것을 낳았다는 얘기를 읽게 된다면 말이지.

그는 이미, 오 어머니, 그대 속에서 영웅이 아니었던가요, 이미
거기 그대 속에서 그의 당당한 선택이 시작하지 않았던가요?
수천이 자궁 속에서 비등하면서 **그가** 되고자 하였지.
그러나 보라, 그가 기회를 잡고 배제하였으며, 선택하였고 압도하였다.
하여 그가 기둥들을 박살냈다면, 그것은 그가 그대 몸의
세계로부터 더 좁은 세계로 뛰쳐나왔기 때문이고, 거기서
그는 계속 선택하였고 압도하였다. 오 영웅의 어머니들이여,
오 휩쓸어가는 강물의 원천이여! 소녀들은 이미 그들

hoch von dem Herzrand, klagend,
schon die Mädchen gestürzt, künftig die Opfer dem Sohn.

Denn hinstürmte der Held durch Aufenthalte der Liebe,
jeder hob ihn hinaus, jeder ihn meinende Herzschlag,
abgewendet schon, stand er am Ende der Lächeln, — anders.

가슴 언저리 높은 곳에서 슬피 울며, 그대들 협곡 속으로
몸을 던졌으니, 장차 아들의 희생물이 되기 위함이었다.

정녕 영웅은 사랑의 체류지들을 지나 돌진해나갔고, 저마다
염려하며 두근거리는 가슴은 그를 저 너머로 끌어올렸고, 이미
몸을 돌린 그는 미소들의 끝[29]에서 — 타자(他者)가 되어 있었다.

Die siebente Elegie

Werbung nicht mehr, nicht Werbung, entwachsene Stimme,
sei deines Schreies Natur; zwar schrieest du rein wie der Vogel,
wenn ihn die Jahreszeit aufhebt, die steigende, beinah vergessend,
daß er ein kümmerndes Tier und nicht nur ein einzelnes Herz sei,
das sie ins Heitere wirft, in die innigen Himmel. Wie er, so
würbest du wohl, nicht minder —, daß, noch unsichtbar,
dich die Freundin erführ, die stille, in der eine Antwort
langsam erwacht und über dem Hören sich anwärmt, —
deinem erkühnten Gefühl die erglühte Gefühlin.

O und der Frühling begriffe —, da ist keine Stelle,
die nicht trüge den Ton der Verkündigung. Erst jenen kleinen
fragenden Auflaut, den, mit steigernder Stille,
weithin umschweigt ein reiner bejahender Tag.
Dann die Stufen hinan, Ruf-stufen hinan, zum geträumten
Tempel der Zukunft —; dann den Triller, Fontäne,
die zu dem drängenden Strahl schon das Fallen zuvornimmt
im versprechlichen Spiel.... Und vor sich, den Sommer.

제7 비가

구애(求愛)는 아니니, 쑥 커져버린 목소리여, 구애는 이제
더는 너의 부르짖음의 본성이 아니어라; 정녕 그대는 어느 새처럼
순수하게 울부짖는다고 하겠지; 솟아오르는 계절이 그를 들어 올려
친밀한 하늘의 청명 속으로 던지면, 단지 하나의 심장이
아니라, 한 초조한 동물이라는 것을 거의 잊는다. 그 새처럼 아마
너도 그에 못지않게 순수하게 구애하겠지 ―, 하여 아직은 보이지
않지만, 여자 친구가 그대의 소리를 알아듣기를 바라겠지, 조용한
한 응답이 마음속에 천천히 깨어나 경청하며 온기를 띠기 시작한다, ―
그대의 대담해진 감정에 홍조를 띤 여친(女親)의 감정이 맞대한다.

오, 이제 봄이 이해해주기를 ―, 어느 구석도
통고(通告)[30]의 음향이 실리지 않은 곳이 없다는 것을.
저 순수한 긍정적 한낮이 온 주위를 고양된 정적으로 감쌀 때,
처음엔 그 질문하는 작은 지저귐. 다음엔 계단 위로,
부름―계단을 따라 위로, 저 꿈꾸던 미래의 신전을 향하여―;
다음엔 전음(顫音)[31]을 내는 것으로 저 솟구치며
떨어지는 분수(噴水)의 물줄기처럼 이미
약속된 유희인 듯. …… 하여 앞으로 여름을 본다.

Nicht nur die Morgen alle des Sommers —, nicht nur
wie sie sich wandeln in Tag und strahllen vor Anfang.
Nicht nur die Tage, die zart sind um Blumen, und oben,
um die gestalteten Bäume, stark und gewaltig.
Nicht nur die Andacht dieser entfalteten Kräfte,
nicht nur die Wege, nicht nur die Wiesen im Abend,
nicht nur, nach spätem Gewitter, das atmende Klarsein,
nicht nur der nahende Schlaf und ein Ahnen, abends …
sondern die Nächte! Sondern die hohen, des Sommers,
Nächte, sondern die Sterne, die Sterne der Erde.
O einst tot sein und sie wissen unendlich,
alle die Sterne: denn wie, wie, wie sie vergessen!

Siehe, da rief ich die Liebende. Aber nicht *sie* nur
käme … Es kämen aus schwächlichen Gräbern
Mädchen und ständen … Denn, wie beschränk ich,
wie, den gerufenen Ruf? Die Versunkenen suchen
immer noch Erde. — Ihr Kinder, ein hiesig
einmal ergriffenes Ding gälte für viele,
Glaubt nicht, Schicksal sei mehr, als das Dichte der Kindheit;
wie überholtet ihr oft den Geliebten, atmend,
atmend nach seligem Lauf, auf nichts zu, ins Freie.

Hiersein ist herrlich. Ihr wußtet es, Mädchen, *ihr* auch,

비단 여름의 모든 새벽만이 아니다 —, 또 그들이
낮으로 변화하고 동틀 녘에 빛을 발하는 방식만이 아니다.
꽃들 주위에 너무나 부드러운 그리고, 모양새 갖춘 나무우듬지 주위
위쪽에 강하고 맹렬한 낮들뿐만이 아니다.
이 펼쳐진 힘들의 경건함뿐만이 아니라,
산책로뿐만이 아니라, 석양녘의 초원뿐만이 아니라,
늦은 폭우가 지난 후 깊이 숨 쉬는 신선함뿐만이 아니라,
저녁에 가까이 다가오는 잠과 어떤 예감뿐만이 아니라,
또한 밤들이 있다! 오, 여름의 저 드높은
밤들, 또한 별들, 대지의 별들이 있다.
오, 마침내 죽어서 저들을 끝없이 알게 되는 것,
그 모든 별들: 어찌, 어찌, 어찌 그들을 잊겠는가!

보라, 나는 연인을 부르고 있었다. 그러나 단지 그녀만이
오는 게 아니라… 허술한 무덤들에서 소녀들이
일어나 모이는 게 아닌가… 그도 그럴 것이 어떻게 내가,
소리쳐 부른 부름을 제한하겠는가? 가라앉은 자들은
계속해서 땅을 찾고 있다. — 얘들아, 너희가 여기서 한때
열을 올리며 붙잡았던 것은 많은 가치가 있노라!
운명은 유년기의 밀도(密度) 이상의 것이라고 믿지 마라;
그대는, 지복한 추적을 한 끝에 숨을, 숨을 몰아쉬며, 연인을
얼마나 자주 끝없이 추월하다가 자유의 공간을 찾은 것이었나?
진실로 여기서 산다는 것은 영광스럽다. 그대 소녀들이여,
궁핍하고 전락한 것처럼 보였던 **그대들** 역시 그것을 알고 있었지 —,

die ihr scheinbar entbehrtet, versankt —, ihr, in den ärgsten
Gassen der Städte, Schwärende, oder dem Abfall
Offene. Denn eine Stunde war jeder, vielleicht nicht
ganz eine Stunde, ein mit den Maßen der Zeit kaum
Meßliches zwischen zwei Weilen —, da sie ein Dasein
hatte. Alles. Die Adern voll Dasein.
Nur, wir vergessen es so leicht, was der lachende Nachbar
uns nicht bestätigt oder beneidet. Sichtbar
wollen wirs heben, wo doch das sichtbarste Glück uns
erst zu erkennen sich gibt, wenn wir es innen verwandeln.

Nirgends, Geliebte, wird Welt sein, als innen. Unser
Leben geht hin mit Verwandlung. Und immer geringer
schwindet das Außen. Wo einmal ein dauerndes Haus war,
schlägt sich erdachtes Gebild vor, quer, zu Erdenklichem
völlig gehörig, als ständ es noch ganz im Gehirne.
Weite Speicher der Kraft schafft sich der Zeitgeist, gestaltlos
wie der spannende Drang, den er aus allem gewinnt.
Tempel kennt er nicht mehr. Diese, des Herzens, Verschwendung
sparen wir heimlicher ein. Ja, wo noch eins übersteht,
ein einst gebetetes Ding, ein gedientes, gekniees —,
hält es sich, so wie es ist, schon ins Unsichtbare hin.
Viele gewahrens nicht mehr, doch ohne den Vorteil,
daß sie′s nun *innerlich* baun, mit Pfeilern und Statuen, größer!

도시의 아주 더러운 골목길에서 곪아가거나 쓰레기에
노출되어 있던 그대들이여. 왜냐하면 각 소녀에게 한 시간이, 아마 한
시간조차 안 된다 해도, 두 순간 사이에 거의 잴 수 없는 시간이라 해도,
그들이 현존재를 누린 시간이 있었다.
모든 것. 현존재로 충만한 혈관들.
그러나 웃고 있는 이웃이 확인해 주거나 시기하지 않는 것은
우린 너무나 쉽게 잊는다. 우리는 그것을 보여주기 위해
드러내기를 원한다, 그런데 비록 가장 눈에 띄는 행복도 우리가
그것을 내면에서 변용할 때에야 비로소 우리의 인식에 들어온다.

내면 외에는 어디에도, 연인이여, 세계는 없을 것이다. 우리의
삶은 변용되면서 진행한다. 하여 외부 세계는 점점 감소하며
사라지고 만다. 한때 영속하는 집이던 곳에, 고안(考案)된 형상은,
아직도 우리의 뇌 속에 여전히 들어 있다는 듯이 우리의 시선을 가로
지르고 솟아오르며, 그 고안들의 영역[32]에 완전히 속해 있다.
시대정신, 모든 것에서 뽑아내는 그 팽팽한 긴장처럼
형체 없는 그것은, 동력의 광활한 저장소를 마련한다.
그 정신은 신전들을 더는 알지 못한다. 마음의 그런 아낌없는 소비를[33]
우리는 보다 은밀히 저축한다. 그렇다, 아직 하나가 잔존해 있는 곳에,
한때 기도드리고, 봉사하고, 무릎 꿇어 경배하던 그것 —, 그것이,
있는바 대로, 이미 저 보이지 않는 세계로 뻗어나간다. 많은 이들은
그것을 더는 감지하지 못하고, 이제는 기둥들과 입상들을 가지고
그것을 **내면에** 더 위대하게 짓는다는 장점도 모르는도다!

Jede dumpfe Umkehr der Welt hat solche Enterbte,
denen das Frühere nicht und noch nicht das Nächste gehört.
Denn auch das Nächste ist weit für die Menschen. *Uns* soll
dies nicht verwirren; es stärke in uns die Bewahrung
der noch erkannten Gestalt. — Dies *stand* einmal unter Menschen,
mitten im Schicksal stands, im vernichtenden, mitten
im Nichtwissen—Wohin stand es, wie seiend, und bog
Sterne zu sich aus gesicherten Himmeln. Engel,
dir noch zeig ich es, *da*! in deinem Anschaun
steh es gerettet zuletzt, nun endlich aufrecht.
Säulen, Pylone, der Sphinx, das strebende Stemmen,
grau aus vergehender Stadt oder aus fremder, des Doms.

War es nicht Wunder? O staune, Engel, denn *wir* sinds.
wir, o du Großer, erzähls, daß wir solches vermochten, mein Atem
reicht für die Rühmung nicht aus. So haben wir dennoch
nicht die Räume versäumt, diese gewährenden, diese
unseren Räume. (was müssen sie fürchterlich groß sein,
da sie Jahrtausende nicht unseres Fühlns überfülln.)
Aber ein Turm war groß, nicht wahr? O Engel, er war es, —
groß, auch noch neben dir? Chartres war groß —, und Musik
reichte noch weiter hinan und überstieg uns. Doch selbst nur
eine Liebende —, oh, allein am nächtlichen Fenster....

세상의 모든 둔한 추이(推移)는 나름의 상속(相續) 상실자들을
갖는데, 이 사람들에게는 옛것도 앞으로 올 것도 속하지 않는다.
그도 그럴 것이 이제 막 올 것도 이들에게 멀리 있다. 이것이 **우리를**
혼란시켜서는 안 되지만, 우리 마음속에 아직 인식할 수 있는 형상을
굳건히 보존해야 할 터이다. — 이것은 한때 인간들 가운데에 **있었다**.
그것은 파괴자인 운명의 한복판에서, 어디로—가는지—모르는—진행의
한복판에서, 견딘다는 듯이 서 있었고, 확립된 천상으로부터
별들을 자기 쪽으로 굽혔다. 천사여,
그대에게 나도 그것을 보여 주려 한다, **저기요**! 그대의 면전에
그것은 마침내 구원받아 서 있도다, 이제 마침내 똑바로.
어느 쇠잔해가는 혹은 낯선 도시에서, 희끄무레한, 기둥들,
탑문(塔門)들, 스핑크스, 대성당의 솟구쳐 오르는 첨탑.

이 모든 것은 기적이 아니었던가? 경탄하라, 천사여, 그게 **우리**란
말이요. 오 위대한 자여,[34] 우리가 그런 것을 해냈다고 말해주오. 나의
숨결이 그것을 찬양하기에 너무 짧도다. 그러니까 우리는 결국
너그러운 공간들을, 우리의 이 공간들을 결코 소홀히 하지 않았도다.
(그것들은 참으로 무섭도록 광대한 것이 틀림없어라, 수천 년의 우리
감정으로도 그것들을 다 채우지 못할진대.) 그러나 하나의 탑은[35] 정말
위대하지 않았던가? 오 천사여, 정말 그랬다, — 그대 곁에서도 여전히
위대했던가? 샤르트르(Chartres)는 위대했다 — 그리고
음악은 더욱더 높이 솟아올랐고 우리를 능가하였다. 그러나 밤에,
오, 홀로 창가에 서 있는, 사랑하는 여인조차도······

두이노의 비가

reichte sie dir nicht ans Knie —?

                    Glaub *nicht*, daß ich werbe.
Engel, und würb ich dich auch! Du kommst nicht. Denn mein
Anruf ist immer voll Hinweg; wider so starke
Strömung kannst du nicht schreiten. Wie ein gestreckter
Arm ist mein Rufen. Und seine zum Greifen
oben offene Hand bleibt vor dir
offen, wie Abwehr und Warnung,
Unfaßlicher, weitauf.

그녀가 그대의 무릎까지 도달한 것이 아닌가?
　　　　　　　　내가 구애한다고 믿지 **말기를**,

천사여! 내가 그대에게 구애한다고 해도! 그대는 오지 않으리라. 그도
그럴 것이 나의 부름은
언제나 출발의³⁶ 욕구로 차 있어, 그렇게
강한 흐름을 거슬러 그대는 전진할 수 없도다.
나의 부름은 쭉 뻗은 팔과 같다. 그리고
잡기 위해 위쪽으로 뻗어 열린 그의 손은,
불가해한 자여, 그대 앞에,
방어와 경고에서처럼, 저 높이
펼쳐져 있도다.

Die achte Elegie

Rudolf Kassner zugeeignet

Mit allen Augen sieht die Kreatur
das Offene. Nur unsre Augen sind
wie umgekehrt und ganz um sie gestellt
als Fallen, rings um ihren tiefen Ausgang.
Was draußen *ist*, wir wissens aus des Tiers
Antlitz allein; denn schon das frühe Kind
wenden wir um und zwingens, daß es rückwärts
Gestaltung sehe, nicht das Offne, das
im Tiergesicht so tief ist. Frei von Tod.
Ihn sehen wir allein; das freie Tier
hat seinen Untergang stets hinter sich
und vor sich Gott, und wenn es geht, so gehts
in Ewigkeit, so wie die Brunnen gehen.

  Wir haben nie, nicht einen einzigen Tag,
den reinen Raum vor uns, in den die Blumen
unendlich aufgehn. Immer ist es Welt
und niemals Nirgends ohne Nicht: das Reine,
Unüberwachte, das man atmet und
unendlich *weiß* und nicht begehrt. Als Kind

제8 비가

루돌프 카스너에게 헌정[37]

동물계는 눈 전체로 열린 공간을 바라본다.
그러나 우리의 눈들만은 그와 반대로 뒤집혀,
열린 공간을 향한 그 동물의 행보를 방해하는 듯이,
온통 올가미처럼 그의 윤곽을 에워싼다.[38]

밖에 **있는** 것을 우리는 다만 짐승의 얼굴에서만
알아본다. 그도 그럴 것이 우리는 아이의 시선을
이미 아주 어릴 적에 돌려놓아, 그가 사물의 외면만을
바라보게 하는바, 그는 동물 얼굴에서 그 아주 깊이 열려
있는 공간을 보지 못한다. 죽음으로부터의 자유.
우리만이 **죽음을** 본다; 자유로운 동물은
자신의 몰락을 항상 자기 뒤에 지니며
자기 앞에서는 신을 대한다. 동물이 움직이면, 마치
샘물이 흘러가듯, 영원 속에서 움직이는 것이다.
우리는 결코, 단 하루도, 우리 앞에 저 순수한 공간, 꽃들이 무한히
펼쳐지는 그런 공간을 마주하지 못한다. 언제나 세계인 것이고,
그 부정(否定)이 없는 '어디에도 없는 곳'[39]은 결코 없다:
혹자(或者)는 욕망 없이 숨 쉬고, 무한히 **알고 있는** 저
순수하고 분리되지 않는 영역. 어린아일 적에 혹자는, 그

verliert sich eins im Stilln an dies und wird
gerüttelt. Oder jener stirbt und *ists*.
Denn nah am Tod sieht man den Tod nicht mehr
und starrt *hinaus*, vielleicht mit großem Tierblick.
Liebende, wäre nicht der andre, der
die Sicht verstellt, sind nah daran und staunen ...
Wie aus Versehn ist ihnen aufgetan
hinter dem andern ... Aber über ihn
kommt keiner fort, und wieder wird ihm Welt.
Der Schöpfung immer zugewendet, sehn
wir nur auf ihr die Spiegelung des Frein,
von uns verdunkelt. Oder daß ein Tier,
ein stummes, aufschaut, ruhig durch uns durch.
Dieses heißt Schicksal: gegenüber sein
und nichts als das und immer gegenüber.

Wäre Bewußtheit unsrer Art in dem
sicheren Tier, das uns entgegenzieht
in anderer Richtung —, riß es uns herum
mit seinem Wandel. Doch sein Sein ist ihm
unendlich, ungefaßt und ohne Blick
auf seinen Zustand, rein, so wie sein Ausblick.
Und wo wir Zukunft sehn, dort sieht es Alles
und sich in Allem und geheilt für immer.

정적에 몰두하다가, 그것으로부터 흔들려 일깨워진다.
허나 혹자는 죽어 그것이 되어있다.
정녕 인간은 죽음 가까이서는 죽음을 더는 보지 못하고
아마 커다란 동물의 시선으로 **앞을** 응시한다.
만약에 시야(視野)를 차단하는 타자(他者)가 없었다면,
연인들은 그쪽에 가까이 있어 경탄할 터이다…
마치 잘못된 일인 양, 그들에게는 타자 뒤에
공간이 열려 있다… 그러나 누구도 타자를
뛰어넘지 못하는바, 그에게 세계는 다시 돌아온다.
언제나 우주만물을 마주함에 있어, 우리는 거기에서
우리 자신의 호흡으로 인해 희미해진, 그 열린 공간의
반영만을 본다. 또는 어느 말없는 동물이 고요히 눈을 들어
우리를 꿰뚫으며, 꿰뚫어 본다고도 하겠다.
그것이 숙명이라는 것이다: 대치하고 있는 것,
그것일 뿐, 언제나 대치하고 있는 것.

다른 방향에서 우리를 향해 움직여오는
저 늠름한 동물 속에 우리와 같은 의식이 있다면 —,
그놈은 우리를 자기가 배회[40]하는 대로
이리 저리 끌고 다닐 것이다. 하지만 그 동물에게
그의 존재는 무한하고, 파악되지 않으며, 그의 상황에
맹목적이고, 외부를 향한 그의 시선처럼 순수하다.
하여 우리가 미래를 보는 그 자리에서 그는 모든 것을 보고,
모든 것에서, 영구히 치유된, 자신을 본다.

Und doch ist in dem wachsam warmen Tier
Gewicht und Sorge einer großen Schwermut.
Denn ihm auch haftet immer an, was uns
oft überwältigt, — die Erinnerung,
als sei schon einmal das, wonach man drängt,
näher geween, treuer und sein Anschluß
unendlich zärtlich. Hier ist alles Abstand,
und dort wars Atem. Nach der ersten Heimat
ist ihm die zweite zwitterig und windig.
  O Seligkeit der *kleinen* Kreatur,
die immer *bleibt* im Schooße, der sie austrug;
o Glück der Mücke, die noch *innen* hüpft,
selbst wenn sie Hochzeit hat: denn Schooß ist Alles.
Und sieh die halbe Sicherheit des Vogels,
der beinah beides weiß aus seinem Ursprung.
als wär er eine Seele der Etrusker,
aus einem Toten, den der Raum empfing,
doch mit der ruhenden Figur als Deckel.
Und wie bestürzt ist eins, das fliegen muß
und stammt aus einem Schooß. Wie vor sich selbst
erschreckt, durchzuckts die Luft, wie wenn ein Sprung
durch eine Tasse geht. So reißt die Spur
der Fledermaus durchs Porzellan des Abends.

그럼에도 경계심으로 열띤[41] 동물 속에
큰 비애의 중압과 염려가 도사리고 있다.
정녕 우리를 자주 압도하는 것이
그에게도 붙어있다, ─ 어떤 기억, 즉
마치 우리가 지금 열심히 추구하는 것이 한때
더 가깝고, 더 진실하였고, 우리의 밀착이
무한히 다정하였던 듯이 말이다. 모든 것이 여기선
간격이라면, 거기선 숨결이었다. 저 첫 번째 고향 후에,
그 두 번째는 모호하고 외풍이 있다.
자신을 배출한 자궁 속에 언제나 **머물러있는**
오, **작은** 동물[42]의 지복함이여!
여전히 **내면에서** 뛰고 있는 모기의 행운이여, 그것이
결혼식을 치를 때도 말이다: 정녕 모태의 품은 모든 것이다.
그리고 탄생에서부터 거의 안팎 양쪽을 다 아는
새[43]의 절반의 안전을 보라;
마치 새는, 관의 뚜껑 위에서 휴식을 취하고 있는
조상(彫像)처럼, 공간 속에 갇혀있던 자에게서
빠져나온 에트루리아 인(人)의 영혼[44]인 듯하다.
어느 자궁에서 태어나 날아가야 할 생명체는
얼마나 당황하겠는가. 자기 자신에게 놀란 듯,
마치 찻잔에 균열처럼, 그것은 대기(大氣)를
갈지(之) 자로 난다. 그처럼 박쥐의
형적(形迹)은 저녁 하늘의 도자기[45]를 짜개놓는다.

Und wir: Zuschauer, immer, überall,
dem allen zugewandt und nie hinaus!
Uns überfüllts. Wir ordnens. Es zerfällt.
Wir ordnens wieder und zerfallen selbst.

Wer hat uns also umgedreht, daß wir,
was wir auch tun, in jener Haltung sind
von einem, welcher fortgeht? Wie er auf
dem letzten Hügel, der ihm ganz sein Tal
noch einmal zeigt, sich wendet, anhält, weilt —,
so leben wir und nehmen immer Abschied.

그리고 우리: 관람자들은, 언제나, 어디서나,
모든 것과 마주한 채, 결코 밖으로 못 나가누나!
그것이 우리를 가득 채운다. 우린 그것을 정돈한다. 그건 무너진다.
우리는 그걸 다시 정돈하고는 자신이 무너지고 만다.
누가 우리를, 우리가 무엇을 하든,
떠나는 자의 자세에 머물러 있도록,
돌려놓았는가? 그에게 마지막으로 그의 계곡을
다시 한 번 완전히 보여주는 언덕 위에서, 그가
등을 돌리고, 멈추고, 주춤거리듯이 ―,
그처럼 우리는 살며 언제나 작별을 고한다.

Die neunte Elegie

Warum, wenn es angeht, also die Frist des Daseins
hinzubringen, als Lorbeer, ein wenig dunkler als alles
andere Grün, mit kleinen Wellen an jedem
Blattrand (eines Windes Lächeln) —: warum dann
Menschliches müssen — und, Schicksal vermeidend,
sich sehnen nach Schicksal? …

      O, *nicht*, weil Glück *ist*,
dieser voreilige Vorteil eines nahen Verlusts.
Nicht aus Neugier, oder zur Übung des Herzens,
das auch im Lorbeer *wäre*…..

Aber weil Hiersein viel ist, und weil uns scheinbar
alles das Hiesige braucht, dieses Schwindende, das
seltsam uns angeht. Uns, die Schwindendsten. *Ein* Mal
jedes, nur *ein* Mal. *Ein* Mal und nichtmehr. Und wir auch
ein Mal. Nie wieder. Aber dieses
ein Mal gewesen zu sein, wenn auch nur ein Mal:
irdisch gewesen zu sein, scheint nicht widerrufbar.

제9 비가

왜, 이 현존의 기한을, 모든 잎 가장자리에
(어느 바람의 미소처럼) 작은 파동이 일 때,
다른 모든 초록색보다 살짝 더 검푸른 월계수처럼,[46]
평온하게 살아갈 수 있다면, —: 왜
인간적인 것을 행해야 하며 — 또 운명을 피하며,
운명을 동경해야만 하는가?…

        오, 임박한 손실의
저 조급한 이득, 행복이 진실로 **있기**
때문도 **아니고**, 호기심에서도 아니고, 거기 월계수 속에도
여전히 있을 법한 마음을 연습하기 위함도 아니리라…

실은 여기 있음은 많음이기[47] 때문이고, 여기서 너무나
덧없이 지나가는 모든 것이 우리를 필요로 하고, 기이하게 우리
마음에서 떠나지 않기 때문이다. 가장 덧없이 지나가는 우리를.
딱 한 번, 모든 것이 **딱 한 번**. **한 번** 그리고 더
없어라. 그리고 우리도 **딱 한 번**. 결코 다시는 없어라.
그러나 단 한 번이라도, 오직 **한 번**이라도:
한때 지상(地上)에 있었다는 것은 엄연한 사실이 아닌가.

Und so drängen wir uns und wollen es leisten,
wollens enthalten in unsern einfachen Händen,
im überfüllteren Blick und im sprachlosen Herzen.
Wollen es werden. — Wem es geben? Am liebsten
alles behalten für immer ... Ach, in den andern Bezug,
wehe, was nimmt man hinüber? Nicht das Anschaun, das hier
langsam erlernte, und kein hier Ereignetes. Keins.
Also die Schmerzen. Also vor allem das Schwersein,
also der Liebe lange Erfahrung, — also
lauter Unsägliches. Aber später,
unter den Sternen, was solls: *die* sind *besser* unsäglich.

Bringt doch der Wanderer auch vom Hange des Bergrands
nicht eine Hand voll Erde ins Tal, die Allen unsägliche, sondern
ein erworbenes Wort, reines, den gelben und blaun
Enzian. Sind wir vielleicht *hier*, um zu sagen: Haus,
Brücke, Brunnen, Tor, Krug, Obstbaum, Fenster, —
höchstens: Säule, Turm.... aber zu *sagen*, verstehs,
oh zu sagen so, wie selber die Dinge niemals
innig meinten zu sein. Ist nicht die heimliche List
dieser verschwiegenen Erde, wenn sie die Liebenden drängt,
daß sich in ihrem Gefühl jedes und jedes entzückt?
Schwelle: was ists für zwei

하여 우리는 그렇게 밀고 나아가고, 그것을 실현하고자 노력하고,
우리의 단순한 손에, 엄청 몰려오는 시선에,
말없는 가슴속에 그것을 담아두고자 한다. 정녕
그것이 되고자 한다. 누구에게 그것을 주겠는가? 우리는
차라리 모든 것을 영원히 간직하고자 한다… 아, 애달프다!
다른 차원으로, 저 세상으로 무엇을 가지고 가겠는가? 여기서
천천히 습득한 관조(觀照)도, 여기서 일어난 어떤 것도
아니 된다. 그런 것은 안 된다.
그러면 고통들이다. 그러니까 무엇보다 삶의 쓰라린 것,
그러니까 사랑의 기나긴 시련, — 그러니까
온통 형언할 수 없는 것이리라. 그러나 훗날,
별들 아래서 그것이 무슨 의미를 지니겠는가?
그것들의 형언할 수 없음이 **더 낫다**.

정녕 나그네가 산기슭의 언덕으로부터 계곡으로 가져오는 것은
모든 이에게 덤덤한 한 줌의 흙이 아니라, 그가 습득한
순수한 단어인 저 노랗고 푸른 용담(龍膽) 꽃이 아니겠는가.
아마도 우리가 **여기서** 존재하는 이유는 말하기 위함이라:
집, 다리, 분수, 성문(城門), 항아리, 과수(果樹), 창문 —
기껏해야: 기둥, 탑… 그러나 **말한다는 것은**, 오, 이해해다오,
사물들 자체가 그렇게 강렬하게 있기를 원할 정도로 말한다는
것은 결코 아니지. 연인들을 독려하여 그들의 감정 속에서
모든 것이 황홀하게 도약하게 함은 이 침묵하는

Liebende, daß sie die eigene ältere Schwelle der Tür
ein wenig verbrauchen, auch sie, nach den vielen vorher
und vor den Künftigen …, leicht.

Hier ist des *Säglichen* Zeit, *hier* seine Heimat.
Sprich und bekenn. Mehr als je
fallen die Dinge dahin, die erlebbaren, denn,
was sie verdrängend ersetzt, ist ein Tun ohne Bild.
Tun unter Krusten, die willig zerspringen, sobald
innen das Handeln entwächst und sich anders begrent.
Zwischen den Hämmern besteht
unser Herz, wie die Zunge
zwischen den Zähnen, die doch,
dennoch, die preisende bleibt.

Preise dem Engel die Welt, nicht die unsägliche, *ihm*
kannst du nicht großtun mit herrlich Erfühltem; im Weltall,
wo er fühlender fühlt, bist du ein Neuling. Drum zeig
ihm das Einfache, das, von Geschlecht zu Geschlechtern gestaltet,
als ein Unsriges lebt, neben der Hand und im Blick.

Sag ihm die Dinge. Er wird staunender stehn; wie du standest
bei dem Seiler in Rom, oder beim Töpfer am Nil.
Zeig ihm, wie glücklich ein Ding sein kann, wie schuldlos

대지(大地)의 비밀스러운 간지(奸智)가 아니겠는가?

문지방: 두 연인이 그들 또한

자신의 다소 오래된 문지방[48]을 가볍게 조금 사용하여 닳게 한들,

그것이 그들에게 무슨 상관인가, 그들 이전에 많은 이들과 미래에

그들의 뒤를 따를 많은 이들도 … 가볍게 그렇게 하듯이.

여기에 이야기할 수 있는 것의 시간이 있다, **여기에** 그것의 고향이
있다. 말하고 고백하라. 우리가 함께 살 수 있는 것들이
어느 때보다도 더 무너져 내린다, 정녕 그것들을 축출하며
대체하는 것은 형상 없는 행위이다. 이것은
외각(外殼)들 밑의 행위인바, 내부에서 행동이 마구
커지며 다른 윤곽을 떠맡자마자, 손쉽게 파열한다.
망치 사이에서 우리의 심장은
고동친다, 두 치아(齒牙) 사이에서,
그럼에도, 혀가 찬양하는 것처럼.

천사에게 세계를 찬양하라, 말할 수 없는 것은 아니고, 또 그대가
찬란히 느낀 것으로는 **그에게** 감명을 줄 수 없어라[49]; 천사가 훨씬
직접적으로 느끼는 우주에서 그대는 풋내기이다. 그러니 천사에게
대대로 내려오며 형성된, 우리의 손 옆에서 또 시선 속에서, 우리의
것으로 살아 숨 쉬는, 단순한 것을 보여주어라.

그에게 물체[50]들을 말해주어라. 그는 더욱 경탄하며 서 있을 것이다.
그대 또한 로마의 밧줄 꼬는 사람 옆에서 또는 나일강 가의 도공 옆에서

두이노의 비가 91

    schuldlos und unser
wie selbst das klagende Leid rein zur Gestalt sich entschließt,
dient als ein Ding, oder stirbt in ein Ding —, und jenseits
selig der Geige entgeht. — Und diese, von Hingang
lebenden Dinge verstehn, daß du sie rühmst; vergänglich,
traun sie ein Rettendes uns, den Vergänglichsten, zu.
Wollen, wir sollen sie ganz im unsichtbarn Herzen verwandeln
in - o, unendlich in uns! Wer wir am Ende auch seien.

Erde, ist es nicht dies, was du willst: *unsichtbar*
in uns erstehn? — Ist es dein Traum nicht,
einmal unsichtbar zu sein? — Erde! unsichtbar!
Was, wenn Verwandlung nicht, ist dein drängender Auftrag?
Erde, du liebe, ich will. Oh glaub, es bedürfte
nicht deiner Frühlinge mehr, mich dir zu gewinnen —, *einer*,
ach, ein einziger ist schon dem Blute zu viel.
Namenlos bin ich zu dir entschlossen, von weit her.
Immer warst du im Recht, und dein heiliger Einfall
ist der vertrauliche Tod.

Siehe, ich lebe. Woraus? Weder Kindheit noch Zukunft
werden weniger ..... Überzähliges Dasein
entspringt mir im Herzen.

그렇게 서 있었다. 그에게 한 물체가 얼마나 행복하고, 무구(無垢)하고
또 우리 것일 수 있는지 보여주어라. 심지어 비탄하는 슬픔까지도
어떻게 자기 자신의 결정체가 되는지, 하나의 사물로 봉사하는지, 또는
어떤 사물 속으로 함몰하든지—, 바이올린을 떠나 저편에서 지복한
음이 된다. 그리고 이들, 일시적 생명감으로 살고 있는 사물들은
그대가 그들을 칭송해 줄 것으로 이해하며, 덧없는 것들로서 가장
덧없는 자인 우리에게 구원(救援)의 손길을 기다리고 있도다.
그들은, 우리의 보이지 않는 마음속에서 — 우리가 그들을, 오 끝없이,
변용하기를 원하는도다! 우리가 궁극에 어떤 사람이 되든지 간에.

대지여, 그대 원하는 바가 이것인가: **보이지 않게**
우리 속에서 부활하는 것인가? — 어느 날 보이지 않게 되는 것,
그것이 너의 꿈이 아니더냐? 대지여! 보이지 않도록! 그런
변용(變容)이 아니라면, 그대의 긴급한 위탁(委託)은 무엇인가?
대지여, 그대 사랑스러운 자여, 나는 하겠노라. 오 믿어주게, 나를
이기는 데에 너의 여러 봄들이 필요하지 않다, — **하나의 봄**, 아, 단
하나의 봄도 이미 내 피에 너무 과한 것이리.
말할 수 없는 먼 과거에서부터 나는 결연히 그대 편에 서 있다.
언제나 그대가 옳았고, 그대의 신성한 착상은 죽음,
저 친근한 죽음이네.
보라, 나는 살고 있다. 무엇으로냐고? 유년 시절도 미래도
더 작아지는 것이 아니다…… 넘쳐흐르는[51] 현존재가
내 마음속에서 샘솟는도다.

Die zehnnte Elegie

Daß ich dereinst, an dem Ausgang der grimmigen Einsicht,
Jubel und Ruhm aufsinge zustimmenden Engeln.
Daß von den klar geschlagenen Hämmern des Herzens
keiner versage an weichen, zweifelnden oder
reißenden Saiten. Daß mich mein strömendes Antlitz
glänzender mache; daß das unscheinbare Weinen
blühe. O wie werdet ihr dann, Nächte, mir lieb sein,
gehärmte. Daß ich euch knieender nicht, untröstliche Schwestern,
hinnahm, nicht in euer gelöstes
Haar mich gelöster ergab. Wir, Vergeuder der Schmerzen.
Wie wir sie absehn voraus, in die traurige Dauer,
ob sie nicht enden vielleicht. Sie aber sind ja
unser winterwähriges Laub, unser dunkles Sinngrün,
eine der Zeiten des heimlichen Jahres —, nicht nur
Zeit —, sind Stelle, Siedelung, Lager, Boden, Wohnort.

Freilich, wehe, wie fremd sind die Gassen der Leid—Stadt,
wo in der falschen, aus Übertönung gemachten
Stille, stark, aus der Gußform des Leeren der Ausguß

제10 비가

내가 언젠가, 저 비통한 통찰의 출구에서,
동의하고 있는 천사들에게, 환호와 칭송을 노래하게 되기를![52]
심장의 명료하게 내려치는 해머들의 어느 하나도 부드러운,
의심하는 듯, 에는 듯한 현(絃)들의 상응에 실패하는 일이
없게 하소서! 흐르는 눈물에 젖은 나의 얼굴이 나를
더욱 빛나게 만들어 주소서! 그 초라한 울음이
꽃피기를! 오, 피폐한 밤들이여, 그러면 그대들은 나에게 얼마나
사랑스럽게 되겠는가! 내가 그대들 위로될 수 없는 자매들을 보다
공손히 무릎을 꿇고 받아들이며, 그대들의 풀어진 머리카락 속으로
더욱더 풀어져 나 자신을 던지지 못했다니! 우리, 고통의 낭비자들.
우리는 슬픔의 끝을 미리 보기 위해서, 얼마나 고통을 넘어 슬픔의
지속을 응시하였는가! 하지만 그 고통들은 정녕 우리의 겨울철 잎이며,
우리의 음울한 상록수이고, 우리의 내밀한 계절[53]들의
하나이다 ―, 그것은 비단 한 철일 뿐만 아니라 ―,
장소이며, 정착지이며, 진영(陣營)이며, 토양이며, 거주지이다.

물론, 애달프다, 이 고난―도시의 길들은 얼마나 낯선가,
그곳에선 소음 위에 소음으로 만들어진 거짓 정적 속에서,
공허의 틀로 부어 만든 저 도금(鍍金)된 소음,

prahlt: der vergoldete Lärm, das platzende Denkmal.
O, wie spurlos zerträte ein Engel ihnen den Trostmarkt,
den die Kirche begrenzt, ihre fertig gekaufte:
reinlich und zu und enttäuscht wie ein Postamt am Sonntag.
Draußen aber kräuseln sich immer die Ränder von Jahrmarkt.
Schaukeln der Freiheit! Taucher und Gaukler des Eifers!
Und des behübschten Glücks figürliche Schießstatt,
wo es zappelt von Ziel und sich blechern benimmt,
wenn ein Geschickterer trifft. Von Beifall zu Zufall
taumelt er weiter; denn Buden jeglicher Neugier
werben, trommeln und plärrn. Für Erwachsene aber
ist noch besonders zu sehn, wie das Geld sich vermehrt, anatomisch,
nicht zur Belustigung nur: der Geschlechtsteil des Gelds,
alles, das Ganze, der Vorgang —, das unterrichtet und macht
fruchtbar ......

... Oh aber gleich darüber hinaus,
hinter der letzten Planke, beklebt mit Plakaten des «Todlos»,
jenes bitteren Biers, das den Trinkenden süß scheint,
wenn sie immer dazu frische Zerstreuungen kaun ...,
gleich im Rücken der Planke, gleich dahinter, ists *wirklich*.
Kinder spielen, und Liebende halten einander, — abseits,
ernst, im ärmlichen Gras, und Hunde haben Natur.
Weiter noch zieht es den Jüngling; vielleicht, daß er eine junge
Klage liebt...... Hinter ihr her kommt er in Wiesen. Sie sagt:

불쑥 나타나는 기념비는 힘을 과시하며 뽐낸다.
오, 천사는 얼마나 흔적도 없이 그들의 위안의 장터를 짓밟아 버릴까!
거기 가까이 있고, 곧 쓸 수 있게 구입된, 그들의 교회[54]:
깨끗하고, 닫혀있고, 일요일의 우체국처럼 실망스럽다.[55]
하지만 시장 바깥 변두리에는 언제나 인파가 넘실댄다.
자유의 그네들! 열의에 찬 잠수부들과 마술사들!
그리고 번지르르하게 꾸민 행복 사격장의 목표물들,
거기서 좀 유능한 사격수가 맞히면, 목표물은 쨍그랑 소리를
내며 버둥거린다. 그는 갈채를 받으며 다시 요행을 찾아
계속 휘청댄다. 그도 그럴 것이 온갖 호기심을 유발하는 점포들은
북을 치고 소리쳐대며 손님을 부른다. 그런데 성인들만을 위해
각별히 제공되는 볼거리, 돈이 증식되는 해부학적 과정,
드러난 돈의 성기(性器), 감추어지지 않은 것,
모든 것, 그 전체, 그 과정―, 그것은 교시(教示)적이고,
생식력을 기르는 것을 보증한다……

오, 바로 그 너머로,
맥주의 포스터 "불사(不死)"가 붙은 마지막 광고판
뒤에는― 그 씁쓸한 맥주는 술꾼들이 언제나 신선한
오락거리를 곁들여 홀짝이는 동안 달콤한 맛이 나는데…
바로 광고판 뒤편에, 바로 그 뒤에 진솔한 장면이 있다.
아이들은 뛰놀고 있고, 연인들은 서로를 품고 있다,
―조금 떨어진, 초라한 풀밭 위에서, 진지하게, 그리고
개들은 본능에 따라 즐긴다.

— Weit. Wir wohnen dort draußen …… Wo? Und der Jüngling
folgt. Ihn rührt ihre Haltung. Die Schulter, der Hals —, vielleicht
ist sie von herrlicher Herkunft. Aber er läßt sie, kehrt um,
wendet sich, winkt… Was solls? Sie ist eine Klage.

Nur die jungen Toten, im ersten Zustand
zeitlosen Gleichmuts, dem der Entwöhnung,
folgen ihr liebend. Mädchen
wartet sie ab und befreundet sie. Zeigt ihnen leise,
was sie an sich hat. Perlen des Leids und die feinen
Schleier der Duldung. — Mit Jünglingen geht sie
schweigend.

Aber dort, wo sie wohnen, im Tal, der Älteren eine, der Klagen,
nimmt sich des Jünglinges an, wenn er fragt: — Wir waren,
sagt sie, ein Großes Geschlecht, einmal, wir Klagen. Die Väter
trieben den Bergbau dort in dem großen Gebirg; bei Menschen
findest du manchmal ein Stück geschliffenes Ur-Leid
oder, aus altem Vulkan, schlackig versteinerten Zorn.
Ja, das stammte von dort. Einst waren wir reich. —

Und sie leitet ihn leicht durch die weite Landschaft der Klagen,
zeigt ihm die Säulen der Tempel oder die Trümmer
jener Burgen, von wo Klage-Fürsten das Land

젊은이는 자꾸 저쪽으로 끌리고 있다; 아마도 그는 저 젊은
비탄의 여인을 사랑하고 있나보다… 그녀의 뒤를 따라
그는 초원으로 나온다. 그녀가 말한다: ―저 바깥에서요.
저 멀리서 우리가 살고 있어요… 어디요? 하고 젊은이가
따라간다. 그녀의 자세가 그를 감동시킨다. 그녀의 어깨, 그녀의
목덜미―, 아마 그녀는 훌륭한 가문 출신인가보다. 하지만 그는 그녀를
떠나고, 발길을 돌리고, 뒤돌아보며 끄덕인다… 무슨 소용이람? 그녀는
비탄인데.

단지 젊어 죽은 자들만이, 젖을 뗀 단계,
초시간적 평정(平靜)의 첫 상태에서,
그녀를 사랑스럽게 따라간다. 소녀는
소녀들을 기다려 맞이하고 그녀들과 사귄다. 그녀들에게 가만히
그가 걸치고 있는 것을 보여준다. 고뇌의 진주들과 인내의
고운 면사포들. ― 그녀는 젊은이들과 함께
말없이 걸어간다.

그러나 거기, 그들이 살고 있는 계곡에서, 더 나이든 비탄들 중 한
여인이 젊은이를 상대하여, 그의 질문에 답한다 : 우리는요,
그녀가 말한다, 우리 비탄들은요, 한때 큰 족속이었어요. 조상들은
저기 커다란 산맥에서 광산 일을 하였어요; 인간 세상에서
그대는 때때로 한 덩어리의 반짝이는 근원의 비탄이나,
오래된 화산의 슬래그처럼 석화된 분노를 발견하게 될 거예요.
그래요, 그것은 그곳에서 유래했어요. 옛적에 우리는 부유했었죠. ―

einstens weise beherrscht. Zeigt ihm die hohen
Tränenbäume und Felder blühender Wehmut,
(Lebendige kennen sie nur als sanftes Blattwerk);
zeigt ihm die Tiere der Trauer, weidend, — und manchmal
schreckt ein Vogel und zieht, flach ihnen fliegend durchs Aufschaun,
weithin das schriftliche Bild seines vereinsamten Schreis. —
Abends führt sie ihn zu den Gräbern der Alten
aus dem Klage-Geschlecht, der Sibzllen und Warn-Herrn.
Naht aber Nacht, so wandeln sie leiser, und bald
mondets empor, das über Alles
wachende Grab-Mal. Brüderlich jenem am Nil,
der erhabene Sphinx —: der verschwiegenen Kammer Antlitz.
Und sie staunen dem krönlichen Haupt, das für immer,
schweigend, der Menschen Gesicht
auf die Waage der Sterne gelegt.

Nicht erfaßt es sein Blick, im Frühtod
schwindelnd. Aber ihr Schaun,
hinter dem Pschent-Rand hervor, scheucht es die Eule. Und sie,
streifend im langsamen Abstrich die Wange entlang,
jene der reifesten Rundung,
zeichnet weich in das neue
Totengehör, über ein doppelt
aufgeschagenes Blatt, den unbeschreiblichen Umriß.

하여 그녀는 그를 사뿐히 인도하여 비탄의 광활한 산천을 지나가며,
그에게 신전의 기둥들 또는 성곽의 폐허들을 보여주는바
옛적 비탄―제후들은 그 영토를 현명히
통치했던 것이다. 그에게 드높은 눈물―나무들과
꽃피는 비애의 들판들을 보여준다.
(산 자들은 그것들을 오직 온화한 잎들의 군무(群舞)로만 알고 있다);
그에게 풀을 뜯고 있는 슬픔의 동물들을 보여주는가 하면, ― 가끔
어느 새가 후다닥 놀라 그들의 시야를 지나 똑바로 나르면서
고적(孤寂)한 울음의 형상을 멀리까지 휘갈겨 쓴다. ―
저녁에 그녀는 예언 무녀들과 경고-예언자들 같은 비탄-족속의
연로자들의 무덤들이 있는 저리로 그를 인도한다.
하지만 밤이 되면, 그들은 더 가볍게 거닐고, 그러면 곧
모든 것을 지켜보는 묘지기―비석이 달빛과 더불어
우뚝 솟아오른다. 나일강 가에 있는 것과 형제인
고상한 스핑크스 ―: 과묵한 침실[56]의
용모.
하여 그들은, 영구히 인간의 얼굴을 조용히
별들의 천칭(天秤)[57]에 올려놓은
왕관 머리를 놀랍게 바라본다.

그의 시선은 그것을 포착하지 못하는바, 이는 때 이른 죽음의
현기증에서 벗어나지 못한 때문이다. 하지만 그녀의 바라봄은,
프스켄트 이중 왕관(二重王冠)[58] 테두리 뒤편의,
올빼미를 놀라게 한다. 하여 그 새는, 천천히 뺨을,

두이노의 비가 101

Und höher, die Sterne. Neue. Die Sterne des Leidlands.
Langsam nennt sie die Klage: — Hier,
siehe: den *Reiter*, den *Stab*, und das vollere Sternbild
nennen sie: *Fruchtkranz*. Dann, weiter, dem Pol zu:
Wiege; Weg; Das Brennende Buch; Puppe; Fenster.
Aber im südlichen Himmel, rein wie im Innern
einer gesegneten Hand, das klar erglänzende «M»,
das die Mütter bedeutet …… —

Doch der Tote muß fort, und schweigend bringt ihn die ältere
Klage bis an die Talschlucht,
wo es schimmert im Mondschein:
die Quelle der Freude. In Ehrfurcht
nennt sie sie, sagt: - Bei den Menschen
ist sie ein tragender Strom. -

Stehn am Fuß des Gebirgs.
Und da umarmt sie ihn, weinend.

Einsam steigt er dahin, in die Berge des Ur-Leids.
Und nicht einmal sein Schritt klingt aus dem tonlosen Los.

*

Aber erweckten sie uns, die unendlich Toten, ein Gleichnis,

가장 풍만한 곡선의 뺨을 따라

희미하게, 죽은 자의 새로운 청각에, 말끔히 스쳐가며,

펼쳐진 책의 양면[59]에,

형언할 수 없는 윤곽을 아로새긴다.

그리고 저 높이 뜬 별들. 샛별들. 고뇌 나라의 별들.

비탄은 천천히 그것들에 이름을 부여한다: 저기,

보아요: **기마자**(騎馬者), **막대기**, 그리고 더 큰 성좌를

과실(果實) **화환이라** 일컬었어요. 그런 다음, 극(極)쪽으로 더 나아가:

요람, 길, 불타는 책, 인형, 창(窓).

그러나 어느 축복받은 손의 내면처럼 순수한,

남쪽 하늘에는, 명료히 빛나는 M 자(字),

그것은 어머니(Mütter)를 뜻하는 것이에요……[80] ―

그러나 죽은 자는 계속 가야하고, 그보다 나이든

비탄[61]은 잠자코 그를 협곡까지 데리고 오는바,

그곳은 달빛을 받아 번쩍이고 있다:

기쁨의 원천. 그녀는 경외심을 느끼며 그것에

이름을 붙이고 말한다: ― 인간들 사이에서

그것은 중심적인 흐름이죠. ―

산기슭에 그들은 서 있다.

거기서 그녀는 그를 포옹하며 운다.

siehe, sie zeigten vielleicht auf die Kätzchen der leeren
Hasel, die hängenden, oder
meinten den Regen, der fällt auf dunkles Erdreich im Frühjahr. —
Und wir, die an *steigendes* Glück
denken, empfänden die Rührung,
die uns beinah bestürzt,
wenn ein Glückliches *fällt*.

외로이 그는 저리로, 근원 고뇌의 산들 속으로 올라간다.
그리고 무음향(無音響)의 운명으로부터 그의 발걸음은
한 번도 울리지 않는다.

*

그런데 만일 그들, 끝없이 죽은 자들이, 우리에게 상징을
일깨워주었다면, 보라, 그들은 아마도 잎이 채 안 난 개암나무의
늘어진 꽃차례들을 가리키리라, 또는 봄철 대지 위에
떨어지는 비를 뜻하리라. ―

그리고 우리는 **상승하는** 행복을
생각하는바, 만일 어떤 행복한 것이
하락하면, 우리를 거의 놀라움으로 엄습해오는
저 감동을 느끼게 되리라.

Die Sonnete an Orpheus

Geschrieben als ein Grabmal für
Wera Ouckama Knoop

Château de Muzot im Februar 1922

오르페우스에게 부치는 소네트

베라 욱카마 크노오프를 위한 묘비명으로 지은 것임

1922년 뮈조 성(城)

Erster Teil

제1부

I

Da stieg ein Baum. O reine Übersteigung!
O Orpheus singt! O hoher Baum im Ohr!
Und alles schwieg. doch selbst in der Verschweigung
ging neuer Anfang, Wink und Wandlung vor.

Tiere aus Stille drangen aus dem klaren
gelösten Wald von Lager und Genist;
und da ergab sich, daß sie nicht aus List
und nicht aus Angst in sich so leise waren,

sondern aus Hören. Brüllen, Schrei, Geröhr
schien klein in ihren Herzen. Und wo eben
kaum eine Hütte war, dies zu empfangen,

ein Unterschlupf aus dunkelstem Verlangen
mit einem Zugang, dessen Pfosten beben, —
da schufst du ihnen Tempel im Gehör.

I

거기 나무 하나 솟아났다. 오 순수한 초월이여!
오 오르페우스는 노래한다! 오 귓속에 울리는 드높은 나무여!
그리고 모든 것은 잠자코 있었다. 하지만 침묵 속에서도
새로운 시작, 눈짓, 변화는 진행되었다.

정적(靜寂)의 동물들은 마법에서 풀린 밝은 숲에서,
보금자리와 둥지에서 빠져나왔다;
하여 거기서 드러난바, 그들이 그처럼 숨을 죽이고
있는 것은 간계 때문도, 두려움 때문도 아니었고,

단지 경청(傾聽)으로 인한 것이었다. 으르렁댐, 울부짖음,
울음 소리는 그들의 가슴속에서 하찮아 보였다. 하여
음악을 받아들이기 위한 움막 같은 것 하나 없었고,

출구의 기둥들이 진동하는, 가장 어두운 욕망들로
채워진 은둔처 같은 것도 없던 거기에, ―
그대는 그들의 청각(聽覺)에 신전(神殿)을 세웠도다.

II

Und fast ein Mädchen wars und ging hervor
aus diesem einigen Glück von Sang und Leier
und glänzte klar durch ihre Frühlingsschleier
und machte sich ein Bett in meinem Ohr.

Und schlief in mir. Und alles war ihr Schlaf.
Die Bäume, die ich je bewundert, diese
fühlbare Ferne, die gefühlte Wiese
und jedes Staunen, das mich selbst betraf.

Sie schlief die Welt. Singender Gott, wie hast
du sie vollendet, daß sie nicht begehrte,
erst wach zu sein? Sieh, sie erstand und schlief.

Wo ist ihr Tod? O, wirst du dies Motiv
erfinden noch, eh sich dein Lied verzehrte? —
Wo sinkt sie hin aus mir? ... Ein Mädchen fast....

II

그리고 그것은 거의 한 소녀가 되어, 노래와 칠현금이
합쳐진 이 행복에서 나왔다,
그녀의 봄 면사포를 통해 명료히 반짝이며,
나의 귓속에 그녀의 침상을 만들었다.

그리고 내 속에서 잤다. 하여 모든 것은 그녀의 잠이었다.
내 일찍이 경탄했던 나무들, 감지할 수 있는
저 먼 지점들, 느껴지는 초원과
나 자신을 엄습했던 그 모든 경이로움.

그녀는 세계 안에서 잠들었다. 노래하는 신이여, 그대는 어떻게
그녀를 완벽히 만들어서, 그녀는 먼저 깨어나기를
갈망하지 않는가? 보라, 그녀는 일어났고 잠잤다.

그녀의 죽음은 어디에 있는가? 오, 그대는 이 모티브를,
그대의 노래가 다하기 전에, 벌써 창안코자 하는가? —
그녀는 내 속에서 나와 어디로 사라지는가? … 거의 한 소녀이어라…

III

Ein Gott vermags . Wie aber, sag mir, soll
ein Mann ihm folgen durch die schmale Leier?
Sein Sinn ist Zwiespalt. An der Kreuzung zweier
Herzwege steht kein Tempel für Apoll.

Gesang, wie du ihn lehrst, ist nicht Begehr,
nicht Werbung um ein endlich noch Erreichtes;
Gesang ist Dasein. Für den Gott ein Leichtes.
Wann aber *sind* wir? Und wann wendet *er*

an unser Sein die Erde und die Sterne?
Dies *ists* nicht, Jüngling, daß du liebst, wenn auch
die Stimme dann den Mund dir aufstößt, — lerne

vergessen, daß du aufsangst. Das verrinnt.
In Wahrheit singen, ist ein andrer Hauch.
Ein Hauch um nichts. Ein Wehn im Gott. Ein Wind.

III

신이면 할 수 있지. 하지만 내게 말해주게, 어떻게
한 남자가 좁은 칠현금을 통해 신을 따를 수 있는가?
그 사람의 감각은 분열되어 있다. 두 마음—길의 교차로에는
아폴론를 위한 신전(神殿)은 서 있지 않다.

노래하는 것은, 그대가 가르치는 대로라면, 욕망하는 것도 아니고,
끝내 획득할 수 있는 어떤 것을 구애하는 것도 아니다;
노래는 현존재이다.[2] 신에게는 쉬운 일.
하지만 우리는 **언제 존재**하는가? 하여 **언제 그**는

우리의 존재 쪽으로 대지와 별들을 돌려놓는 건가?
젊은이여, 그대가 사랑하는 것이 바로 실존이 **되지는** 못한다,
음성이, 그대의 입을 열어놓는다 해도, — 그대가

노래 불렀다는 것을 잊기를 배워라. 그것은 흘러가 버린다.
진실 속에서 노래함은 다른 숨결이다.
보상이 없는 숨결. 신(神) 속에서의 나부낌. 바람.

IV

O ihr Zärtlichen, tretet zuweilen
in den Atem, der euch nicht meint,
laßt ihn an eueren Wangen sich teilen,
hinter euch zittert er, wieder vereint.

O ihr Seligen, o ihr Heilen,
die ihr der Anfang der Herzen scheint.
Bogen der Pfeile und Ziele von Pfeilen,
ewiger glänzt euer Lächeln verweint.

Fürchtet euch nicht zu leiden, die Schwere,
gebt sie zurück an der Erde Gewicht;
schwer sind die Berge, schwer sind die Meere.

Selbst die als Kinder ihr pflanzet, die Bäume,
wurden zu schwer längst; ihr trüget sie nicht.
Aber die Lüfte... aber die Räume....

IV

오 너희 다정한 이들이여, 때때로 너희를
염두에 두지 않고 있는 그 숨결 속으로 들어서라,
숨결이 너희 뺨에서 갈라지도록 하라,
너희 뒤에서 그것은 떨다가 다시 화합하리라.

오 너희 지복(至福)한 자들아, 오 너희 온전한 이들이여,
너희는 심장의 시작같이 빛난다,
화살들의 활이요, 화살들의 과녁이라,
너희 미소는 눈물에 젖어 보다 영원히 반짝이리라.

고통당하기를 두려워 말라, 무거움
지구의 중력에 되돌려주어라;
산들은 무겁고, 대양(大洋)들도 무겁다.

너희가 어린아이 적에 심었던 나무들조차 오래전에
너무 무거워졌다; 너희는 그들을 지고 가지 못해.
그러나 미풍들… 그러나 공간들…

V

Errichtet keinen Denkstein. Laßt die Rose
nur jedes Jahr zu seinen Gunsten blühn.
Denn Orpheus ists. Seine Metamorphose
in dem und dem. Wir sollen uns nicht mühn

um andre Namen. Ein für alle Male
ists Orpheus, wenn es singt. Er kommt und geht.
Ists nicht schon viel, wenn er die Rosenschale
um ein paar Tage manchmal übersteht?

O wie er schwinden muß, daß ihrs begrifft!
Und wenn ihm selbst auch bangte, daß er schwände.
Indem sein Wort das Hiersein übertrifft,

ist er schon dort, wohin ihrs nicht begleitet.
Der Leier Gitter zwängt ihm nicht die Hände.
Und er gehorcht, indem er überschreitet.

V

어떤 비석도 세우지 마라. 장미만이
매년 그를 위해 꽃피게 하라.
진실로 그것이 오르페우스이다. 그의 변용은
이것, 저것에 있으니까. 다른 이름들을 찾느라

애쓸 필요는 없다. 노랫소리가 들리면, 그건
단연코 오르페우스이다. 그는 왔다가 간다.
그가 때때로 넓적한 화병에 담긴 장미들보다
이삼일 더 지탱한다면, 정말 과분한 것이 아니겠는가?

오 그가 없어져야 함은 실로 너희가 이해토록 함이라!
하여 그의 사라짐이 그 자신에게도 겁나는 일일지라도.
그의 말이 지상 존재를 능가함에 따라,

그는 벌써 저기 가 있고, 너희는 그것을 따라잡지 못한다.
칠현금의 격자(格子)는 그의 손을 억제하지 못한다.
하여 그는 저 너머로 성큼 발길을 돌리면서 순종한다.

VI

Ist er ein Hiesiger? Nein, aus beiden
Reichen erwuchs seine weite Natur.
Kundiger böge die Zweige der Weiden,
wer die Wurzeln der Weiden erfuhr.

Geht ihr zu Bette, so laßt auf dem Tische
Brot nicht und Milch nicht; die Toten ziehts ―.
Aber er, der Beschwörende, mische
unter der Milde des Augenlids

ihre Erscheinung in alles Geschaute;
und der Zauber von Erdrauch und Raute
sei ihm so wahr wie der klarste Bezug.

Nichts kann das gültige Bild ihm verschlimmern;
sei es aus Gräbern, sei es aus Zimmern,
rühme er Fingerring, Spange und Krug.

VI

그는 지상(地上) 존재인가? 아니다, 두
세상으로부터 그의 광범위한 본성은 자라났다.
꽃버들의 뿌리를 경험한 자는 더 익숙하게
꽃버들의 가지를 휘게 할 수 있으리라.

너희가 취침하려 한다면, 식탁 위에 빵도, 우유도
놓아두지 마라; 사자(死者)들이 꾄다 —.
그러나 그 마술사는
눈꺼풀의 온화함 밑에서 그들의 출현을

모든 몽환(夢幻) 속에 섞을지어다;
하여 양귀비와 루타 약초의 마력(魔力)이
그에게 명약관화한 관계처럼 진실되게 하라.

어떤 것도 유효한 심상(心象)을 그에게 악화시킬 수 없다;
무덤들에서 나온 것이든, 거실들에서 나온 것이든,
그는 반지, 버클, 단지를 찬양할지어다.

VII

Rühmen, das ists! Ein zum Rühmen Bestellter,
ging er hervor wie das Erz aus des Steins
Schweigen. Sein Herz, o vergängliche Kelter
eines den Menschen unendlichen Weins.

Nie versagt ihm die Stimme am Staube,
wenn ihn das göttliche Beispiel ergreift.
Alles wird Weinberg, alles wird Traube,
in seinem fühlenden Süden gereift.

Nicht in den Grüften der Könige Moder
straft ihm die Rühmung Lügen, oder
daß von den Göttern ein Schatten fällt.

Er ist einer der bleibenden Boten,
der noch weit in die Türen der Toten
Schalen mit rühmlichen Früchten hält.

VII

찬미하기, 바로 그것이다! 찬미하도록 부름 받은 자,
그는 암석의 침묵을 뚫고 번쩍이는 광맥처럼
나타났다. 오 그의 인간적 가슴은 무상(無常)하지만
인간들에게는 무한량(無限量)인 포도주 착즙기(窄汁器).

신성한 본보기가 그를 사로잡을 때면,
지상에서 그의 목소리는 결코 잠기지 않는다.
모든 것은 포도원이 되고, 모든 것은 포도가 되니,
이는 그의 감각적 남방(南方)에서 익음이라.

왕들의 현실(玄室)에서의 퀴퀴한 공기도,
신들에게서 내리는 운명의 그림자도,
그의 찬양을 거짓말이라고 힐책하지 않는다.

그는 남아있는 사자(使者)들 중 하나로
사자(死者)들의 문안 아주 깊숙이
상찬(賞讚)할만한 과일을 담은 쟁반을 놓아둔다.

VIII

Nur im Raum der Rühmung darf die Klage
gehn, die Nymphe des geweinten Quells,
wachend über unserm Niederschlage,
daß er klar sei an demselben Fels,

der die Tore trägt und die Altäre. —
Sieh, um ihre stillen Schultern früht
das Gefühl, daß sie die jüngste wäre
unter den Geschwistern im Gemüt.

Jubel *weiß*, und Sehnsucht ist geständig, —
nur die Klage lernt noch; mädchenhändig
zählt sie nächtelang das alte Schlimme.

Aber plötzlich, schräg und ungeübt,
hält sie doch ein Sternbid unsrer Stimme
in den Himmel, den ihr Hauch nicht trübt.

VIII

오직 찬미의 공간에서만 눈물로 이루어진 샘물의
요정(妖精) 비탄에게 한 역할이 허용되는바, 그녀는,
우리의 낙루의 침전을 굽어보며, 관문(關門)과 제단을

떠받치는 암석 위의 샘물을 말갛게 한다. —
보라, 그녀의 잔잔한 어깨 주변에는 그녀가
정서(情緖)의 자매들 중
제일 막내이리라는 감정이 동터 오른다.

환희는 **알고 있고**, 동경은 고백적인데, —
비탄만이 아직 배우고 있다; 소녀의 손인 양 그녀는
해묵은 괴로움을 여러 밤이 새도록 세고 있다.

하나 갑자기, 그녀는, 비스듬히 또 미숙하게,
그녀의 입김이 흐리게 하지 않는 천공(天空)에
정녕 우리 목소리의 성좌(星座)를 떠받친다.

IX

Nur wer die Leier schon hob
auch unter Schatten,
darf das unendliche Lob
ahnend erstatten.

Nur wer mit Toten vom Mohn
aß, von dem ihren,
wird nicht den leisesten Ton
wieder verlieren.

Mag auch die Spieglung im Teich
oft uns verschwimmen:
Wisse das Bild.

Erst in dem Doppelbereich
werden die Stimmen
ewig und mild.

IX

혼령(魂靈)들 가운데서도
칠현금을 이미 타본 자만이
무한한 칭송을
예감하며 보충해도 좋다.

망자(亡者)들과 그들의 영약(靈藥)인
양귀비 열매를 나눠 먹은 자만이
가장 나지막한 음향도
다시 잃지 않을 것이다.

연못에 드리운 영상(映像) 또한
가끔 우리에게 가물가물해지기도 한다:
실상(實像)을 알아라.

이중(二重) 영역(領域)에서만
음성들은
영원하고 온화하게 된다.

X

Euch, die ihr nie mein Gefühl verließt,
grüß ich, antikische Sarkophage,
die das fröhliche Wasser römischer Tage
als ein wandelndes Lied durchfließt.

Oder jene so offenen, wie das Aug
eines frohen erwachenden Hirten,
— innen voll Stille und Bienenaug —
denen entzückte Falter entschwirrten;

alle, die man dem Zweifel entreißt,
grüß ich, die wiedergeöffneten Munde,
die schon wußten, was schweigen heißt.

Wissen wirs, Freunde, wissen wirs nicht?
Beides bildet die zögernde Stunde
in dem menschlichen Angesicht.

X

내 감정에서 단 한 번도 멀어진 적이 없는
너희, 고대 석관(石棺)들에게 인사하나니,
로마 시절의 즐거운 물줄기가
유랑하는 노래처럼 너희를 관류한다.

또는 잠에서 깨어나는 명랑한 목동의
눈처럼 활짝 열린 저 관들,
— 내부는 정적과 인동초(草)로 가득하다 —
그것들에서 도취한 나비들이 펄럭거리며 날아갔다;

침묵이 무엇인지를 이미 알고 난 후
다시 열린 입들에게, 의혹의
짐을 던 모든 것들에게, 나는 인사하노라.

우리, 친구들이여, 우리는 그것을 모르겠는가?
인간적 용모에 드리운 저 머뭇거리는
시간은 양편(兩便)을 형성(形成)한다.

XI

Sieh den Himmel. heißt kein Sternbild Reiter?
Denn dies ist uns seltsam eingeprägt:
dieser Stolz aus Erde. Und ein Zweiter,
der ihn treibt und hält und den er trägt.

Ist nicht so, gejagt und dann gebändigt,
diese sehnige Natur des Seins?
Weg und Wendung. Doch ein Druck verständigt.
Neue Weite. Und die zwei sind eins.

Aber *sind* sie's? Oder meinen beide
nicht den Weg, den sie zusammen tun?
Namenlos schon trennt sie Tisch und Weide.

Auch die sternische Verbindung trügt.
Doch uns freue eine Weile nun
der Figur zu glauben. Das genügt.

XI

하늘을 보라. 기마자(騎馬者)라 불리는 성좌는 없는가? 정녕
이것은 우리의 마음속에 기묘히 각인되어있기 때문이다:
첫 번째는 땅의 자랑거리. 두 번째는 등에 타고,
그를 몰기도 멈추기도 하는 주인(主人).

존재의 근육 같은 이 본성은,
몰아가다가는 제어되는 것, 바로 그러하지 않은가?
행로(行路)와 전향(轉向). 하지만 손 누름은 알게 한다.
새로운 지평선. 하여 둘은 일체가 된다.

하지만 그들은 진정 **그러할까**? 혹은 둘은
그들이 함께 가는 길을 의미하는 것이 아닌가?
식탁과 목장은 그들을 이미 명분 없이 갈라놓는다.

성좌의 결합 역시 눈속임이다.
그래도 우리를 이제 한동안 기쁘게 하는 것은
상징을 믿는 것이다. 그것으로 족(足)하다.

XII

Heil dem Geist, der uns verbinden mag;
denn wir leben wahrhaft in Figuren.
Und mit kleinen Schritten gehn die Uhren
neben unserm eigentlichen Tag.

Ohne unsern wahren Platz zu kennen,
handeln wir aus wirklichem Bezug.
Die Antennen fühlen die Antennen,
und die leere Ferne trug …

Reine spannung. O Musik der Kräfte!
Ist nicht durch die läßlichen Geschäfte
jede Störung von dir abgelenkt?

Selbst wenn sich der Bauer sorgt und handelt,
wo die Saat in Sommer sich verwandelt,
reicht er niemals hin. Die Erde *schenkt*.

XII

우리를 결합시켜 줄법한 정신에 만세(萬歲);
이는 우리가 진실로 상징 속에서 살기 때문이다.
하여 시계들은 우리의 실제 일과(日課)와 나란히
작은 발걸음으로 보조를 맞춘다.

우리의 진정한 자리를 알지 못하면서도
우리는 실질적 관계에서 행동한다.
안테나는 안테나를 감지하고,
공백의 원거리(遠距離)는 채워졌다…

순수한 장력(張力). 오 힘들의 음악이여!
일들을 대강대강 행함에 있어 온갖 방해는
너에 의해 견제되는 것이 아니겠는가?

농부가 신경을 쓰고 행동한다 해도,
씨앗이 여름으로 변용하는 곳에 그의 힘은
결코 미치지 못한다. 땅이 **선물하는 것이다**.

XIII

Voller Apfel, Birne und Banane,
Stachelbeere... Alles dieses spricht
Tod und Leben in den Mund... Ich ahne...
Lest es einem Kind vom Angesicht,

wenn es sie erschmeckt. Dies kommt von weit.
Wird euch langsam namenlos im Munde?
Wo sonst Worte waren, fließen Funde,
aus dem Fruchtfleisch überrascht befreit.

Wagt zu sagen, was ihr Apfel nennt.
Diese Süße, die sich erst verdichtet,
um, im Schmecken leise aufgerichtet,

klar zu werden, wach und transparent,
doppeldeutig, sonnig, erdig, hiesig —:
O Erfahrung, Fühlung, Freude —, riesig!

XIII

사과와 배, 바나나, 구즈베리
가득히… 이 모든 것은 입에
죽음과 삶을 드러내준다… 나는 예감한다…
어린이의 얼굴에서 그것을 읽어 보라, 그가

그것을 맛있게 씹는 모양이라니. 이건 먼 곳에서
온 거다. 너희의 입에서 천천히 무명(無名)이 되는가?
전 같으면 말이 있었던 곳에 과육(果肉)으로부터
갑자기 해방되어 착상(着想)들이 흐른다.

너희가 사과라 일컫는 것을 과감히 말해 보라.
이 달콤함은 먼저 응축되어,
미각(味覺) 속에서 가만히 세워져,

이윽고 맑고 원기 있고 투명하고, 야릇하게, 화창하게,
흙내를 풍기며 여기서 토착적으로 된다 ―:
오 경험, 감각, 기쁨, 장대(壯大)함이여!

XIV

Wir gehen um mit Blume, Weinblatt, Frucht.
Sie sprechen nicht die Sprache nur des Jahres.
Aus Dunkel steigt ein buntes Offenbares
und hat vielleicht den Glanz der Eifersucht

der Toten an sich, die die Erde stärken.
Was wissen wir von ihrem Teil an dem?
Es ist seit lange ihre Art, den Lehm
mit ihrem freien Marke zu durchmärken.

Nun fragt sich nur: tun sie es gern?...
Drängt diese Frucht, ein Werk von schweren Sklaven,
geballt zu uns empor, zu ihren Herrn?

Sind *sie* die Herrn, die bei den Wurzeln schlafen,
und gönnen uns aus ihren Überflüssen
dies Zwischending aus stummer Kraft und Küssen?

XIV

우리는 꽃, 포도 잎, 과일과 교제한다.
그들은 그 해의 언어만을 말하는 것이 아니다.
암흑에서 명백한 다채로움이 솟아오르고,
망인(亡人)들이 대지를 강건히 하는바, 아마도

이들의 질투의 광채가 있다. 거기서
그들의 몫에 관해 우리는 무엇을 아는가?
점토(粘土)를 그들의 골수로 두루두루
튼실하게 함은 오래전부터 그들의 방식이다.

이제 남는 의문: 그들은 그것을 즐겨 행하는가?…
고달픈 노예들의 작품인 이 과일은, 둥글게 뭉쳐져,
그들의 주인인 우리에게 솟구쳐 오르는가?

그들은 뿌리들 주변에서 잠자고 있는 주인들이고,
우리에게 그들의 넘치는 과잉으로부터 말없는 힘과
입맞춤으로 이루어진 이 중간물(中間物)을 기꺼이 주는 것인가?

XV

Wartet…, das schmeckt… Schon ists auf der Flucht.
… Wenig Musik nur, ein Stampfen, ein Summen —:
Mädchen, ihr warmen, Mädchen, ihr stummen,
tanzt den Geschmack der erfahrenen Frucht!

Tanzt die Orange. Wer kann sie vergessen,
wie sie, ertrinkend in sich, sich wehrt
wider ihr Süßsein. Ihr habt sie besessen.
Sie hat sich köstlich zu euch bekehrt.

Tanzt die Orange. Die wärmere Landschaft,
werft sie aus euch, daß die reife erstrahle
in Lüften der Heimat! Erglühte, enthüllt

Düfte um Düfte. Schafft die Verwandtschaft
mit der reinen, sich weigernden Schale,
mit dem Saft, der die glückliche füllt!

XV

기다려라…, 맛있다… 벌써 도주하고 있다.
… 조금 흐르는 음악, 발 구르기, 윙윙거림 ―:
소녀들, 그대들 따스하고 말없는 소녀들이여,
맛본 적 있는 과일의 취향을 춤추게 하라!

오렌지를 춤추게 하라. 즙 속에 푹 빠져들며,
그것의 달콤함에 저항하는 모습을 보고, 누가 그것을
잊을 수 있겠는가. 그대들은 그것을 소유하였다.
그것은 그대들에게 값지게 자신을 허락하였다.

오렌지를 춤추게 하라. 그대들로부터 더 따뜻한
풍경의 열기를 던져라, 달아오른 자들이여, 하여
익은 과일은 고향의 대기를 맞은 듯 빛을 발하리라!

향기 위에 향기를 발산하라. 순수한, 거부하는
껍질과 행복한 것을
가득 채우는 즙과 친화성을 이룩하라!

XVI

Du, mein Freund, bist einsam, weil ….
Wir machen mit Worten und Fingerzeigen
uns allmählich die Welt zu eigen,
vielleicht ihren schwächsten, gefährlichsten Teil.

Wer zeigt mit Fingern auf einen Geruch? —
Doch von den Kräften, die uns bedrohten,
fühlst du viele … Du kennst die Toten,
und du erschrickst vor dem Zauberspruch.

Sieh, nun heißt es zusammen ertragen
Stückwerk und Teile, als sei es das Ganze.
Dir helfen, wird schwer sein. Vor allem: pflanze

mich nicht in dein Herz. ich wüchse zu schnell.
Doch *meines* Herrn Hand will ich führen und sagen:
Hier. Das ist Esau in seinem Fell.

XVI

나의 친구여, 너는 외롭다, 이유는…
우리가, 말과 손가락 가리킴으로
점차 세계를, 아마도 그것의 가장 약하고,
가장 위험한 부분을 우리의 것으로 만들기 때문이다.

누가 손가락으로 어떤 냄새를 가리키는가? —
하지만 우리를 위협했던 힘들 중
상당수를 너는 느낀다… 너는 죽은 자들을 알고,
너는 마법의 주문 앞에서 움찔한다.[3]

보라, 이제 우리는 조각과 부분들을,
마치 그것이 전체인 양, 함께 감당한다.
너를 돕기란 쉽지 않을 것이다. 무엇보다도: 나를

네 가슴속에 심지 마라. 내 너무 빨리 자라날 테니까.
하지만 나는 **나의** 주인의 손을 인도하여 말하고자 한다:
여기요. 저 개가 모피를 입은 에서[4]예요.

XVII

Zu unterst der Alte, verworrn,
all der Erbauten
Wurzel, verborgener Born,
den sie nie schauten.

Sturmhelm und Jägerhorn,
Spruch von Ergrauten,
Männer im Bruderzorn,
Frauen wie Lauten …

Drängender Zweig an Zweig,
nirgends ein freier ….
Einer! o steig … o steig …

Aber sie brechen noch.
Dieser erst oben doch
biegt sich zur Leier.

XVII

가장 아래에 선조(先祖)가 뒤엉킨 채
있다, 모든 이루어진 것의
뿌리, 숨겨진 샘, 이를
그들은 결코 보지 못했다.

싸움터의 투구와 수렵용 호각,
노인들의 금언(金言),
형제간의 분노에 사로잡힌 남자들,
라우테 악기 같은 여인들…

밀어 올리는 가지에 가지,
어디에도 자유로운 가지는 없어…
가지 중 하나! 오 올라라… 오 올라라…

그러나 그들은 여전히 꺾인다.
하지만 위에 있는 이 한 가지는
비로소 휘어지며 칠현금이 된다.

XVIII

Hörst du das Neue, Herr,
dröhnen und beben?
Kommen Verkündiger,
die es erheben.

Zwar ist kein Hören heil
in dem Durchtobtsein,
doch der Maschinenteil
will jetzt gelobt sein.

Sieh, die Maschine:
wie sie sich wälzt und rächt
und uns entstellt und schwächt.

Hat sie aus uns auch Kraft,
sie, ohne Leidenschaft,
treibe und diene.

XVIII

주여, 그대는 새로운 것이
울려 퍼지며 진동하는 것이 들리나요?
그것을 높이 쳐든
예고자들이 오고 있다.

이 혼잡 속에서 어떤 경청(傾聽)도
온전하지 못하지만,
그래도 기계의 몫은
이제 칭찬 받고자 한다.

보라, 기계를:
그것이 뒹굴며 복수하고
우리를 왜곡하고 약하게 함을 보라.

기계는 또한 우리에게서 힘을 얻고 있는바,
그것은 열을 냄 없이,
작동하고 봉사할 지어다.

XIX

Wandelt sich rasch auch die Welt
wie Wolkengestalten,
alles Vollendete fällt
heim zum Uralten.

Über dem Wandel und Gang,
weiter und freier,
währt noch dein Vor—Gesang,
Gott mit der Leier.

Nicht sind die Leiden erkannt,
nicht ist die Liebe gelernt,
und was im Tod uns entfernt,

ist nicht entschleiert.
Einzig das Lied überm Land
heiligt und feiert.

XIX

구름의 형상들처럼 또한
세계가 재빨리 변화한다 해도,
완성된 모든 것은
태고의 것으로 귀착한다.

변화와 과정 너머에서,
보다 넓고 보다 자유롭게,
칠현금을 타는 신이여,
아직은 그대의 원(元)―노래는 지속된다.

고뇌들은 인식되지 않으며,
사랑은 습득되지 않고, 죽음 속에서
우리를 소원(疎遠)하게 하는 것은

베일이 벗겨져 있지 않다.
다만 강토(疆土)에 펼쳐지는 가요만이
성스럽게 하며 예찬한다.

XX

Dir aber, Herr, o was weih ich dir, sag,
der das Ohr den Geschöpfen gelehrt? —
Mein Erinnern an einen Frühlingstag,
Mein Erinnern an einen Frühlingstag,
seinen Abend, in Rußland —, ein Pferd ...

Herüber vom Dorf kam der Schimmel allein,
an der vorderen Fessel den Pflock,
um die Nacht auf den Wiesen allein zu sein;
wie schlug seiner Mähne Gelock

an den Hals im Takte des Übermüts,
bei dem grob gehemmten Galopp.
Wie sprangen die Quellen des Rossebluts!

Der fühlte die Welten, und ob!
Der sang und der hörte —, dein Sagenkreis
war *in* ihm geschlossen. Sein Bild: ich weih's.

XX

그런데, 주여, 그대에게, 오 무엇을 바친단 말인가요?
말해주오, 그대는 피조물의 귀를 가르쳐준 바 있소 —
러시아에서의 어느 봄날, 저녁에 대한
나의 회상 —, 말 한 마리…

백마는 마을에서 이리로 혼자 왔는데,
앞쪽 말발굽 뒤축에 말뚝을 단 채,
초원에서 홀로 밤을 지내고자 함이었다;
질구(疾驅)가 거칠게 제어되었을 때

얼마나 갈기의 곱슬곱슬한 털은 열띤
기분의 박자에 따라 목을 후려쳤던가.
준마 피의 샘들은 얼마나 솟구쳐 올랐던가!

말은 달려온 원거리(遠距離)를 느꼈고 그건 대단했다!
그는 노래했고 또 경청하였다 —, 그대의 전설권(傳說圈)은
그의 **안에** 봉인되어 있었다. 그의 형상: 나는 그를 바치노라.

XXI

Frühling ist wiedergekommen. Die Erde
ist wie ein Kind, das Gedichte weiß;
viele, o viele … Für die Beschwerde
langen Lernens bekommt sie den Preis.

Streng war ihr Lehrer. Wir mochten das Weiße
an dem Barte des alten Manns.
Nun, wie das Grüne, das Blaue heiße,
dürfen wir fragen: sie kanns, sie kanns!

Erde, die frei hat, du glückliche, spiele
nun mit den Kindern. Wir wollen dich fangen,
fröhliche Erde. Dem Frohsten gelingts.

O, was der Lehrer sie lehrte, das Viele,
und was gedruckt steht in Wurzeln und langen
schwierigen Stämmen: sie singts, sie singts.

XXI

봄이 다시 찾아 왔다. 대지(大地)는 많은,
정말 많은 시들을 외우고 있는 여자
아이와 같아라… 장기간 배움의 고충에
대한 대가(代價)로 그녀는 상을 받는다.

그녀의 스승은 엄격하였다. 우리는 노인의
수염에 얹혀 있는 흰빛을 사랑하였다.
이제 우리가 초록색, 푸른빛을 띤 것의
이름을 묻는다면, 그녀는 외워 알고 술술 말한다!

휴일을 맞은 대지, 그대 행복한 자여, 이제
아이들과 놀아라. 즐거운 대지여, 우리는 그대를
잡고자 한다. 가장 기뻐하는 자가 행운을 얻는다.

오, 스승이 그녀에게 가르쳤던 많은 것,
하여 뿌리들과 길고 까다로운 줄기들에 인쇄되어
있는 것: 그녀는 그것을 노래하고 또 노래한다.

XXII

Wir sind die Treibenden.
Aber den Schritt der Zeit,
nehmt ihn als Kleinigkeit
im immer Bleibenden.

Alles das Eilende
wird schon vorüber sein;
denn das Verweilende
erst weiht uns ein.

Knaben, o werft den Mut
nicht in die Schnelligkeit,
nicht in den Flugversuch.

Alles ist ausgeruht:
Dunkel und Helligkeit,
Blume und Buch.

XXII

우리는 재촉하는 자들이다.
그러나 시간의 활보(闊步),
그것은 상존하는 것에 견주어
대수롭지 않은 것으로 받아들여라.

서두르는 모든 것은
이미 지나가 버릴 것이다;
그도 그럴 것이 머물러 쉼
그것만이 우리를 정화하기 때문이다.

오 소년들이여, 용기(勇氣)를
속도를 내는 일에도 또 비행(飛行)을
시도하는 일에도 낭비하지 말거라.

모든 것은 휴식 속에 있다:
어둠과 밝음,
꽃과 책.

XXIII

O erst *dann*, wenn der Flug
nicht mehr um seinetwillen
wird in die Himmelstillen
steigen, sich selber genug,

um in lichten Profilen,
als das Gerät, das gelang,
Liebling der Winde zu spielen,
sicher schwenkend und schlank, —

erst wenn ein reines Wohin
wachsender Apparate
Knabenstolz überwiegt,

wird, überstürzt von Gewinn,
jener den Fernen Genahte
sein, was er einsam erfliegt.

XXIII

오 비행(飛行)이 그 자체만을 위해
천공(天空)의 정적 속으로 떠올라
성공한 도구로서
안전하게 선회하며 날쌘하게, ―

맑은 프로필을 그리며
바람의 총아(寵兒)처럼 재롱을 부리며
더 이상 자족(自足)하는 모양을
보이지 않을 그때에야 비로소,

어떤 순수한 방향 설정이
기구(機具)들에 대한 증대하는
소년의 긍지를 능가할 때에야 비로소,

목전에 둔 승리에 도취하며,
원방(遠方)에 근접한 자가
외로이 비행하며 **이룩한 것이** 될 것이다.

XXIV

Sollen wir unsere uralte Freundschaft, die großen
niemals werbenden Götter, weil sie der harte
Stahl, den wir streng erzogen, nicht kennt, verstoßen
oder sie plötzlich suchen auf einer Karte?

Diese gewaltigen Freunde, die uns die Toten
nehmen, rühren nirgends an unsere Räder.
Unsere Gastmähler haben wir weit —, unsere Bäder,
fortgerückt, und ihre uns lang schon zu langsamen Boten

überholen wir immer. Einsamer nun aufeinander
ganz angewiesen, ohne einander zu kennen,
führen wir nicht mehr die Pfade als schöne Mäander,

sondern als Grade. Nur noch in Dampfkesseln brennen
die einstigen Feuer und heben die Hämmer, die immer
größern. Wir aber nehmen an Kraft ab, wie Schwimmer.

XXIV

우리는 우리의 태고(太古)로부터의 우정을, 또 우리가
엄격히 육성한 강철이 그들을 모른다 해서, 그 위대한,
결코 구애하는 법이 없는 신들을 배척해야 되는가,
또는 지도에서 갑자기 그들을 찾아야 하는가?

죽은 자들이 우리에게서 빼앗아가는 이 강력한
친구들은 어디에서도 우리의 바퀴들에 손대지 않는다.
우리는 우리의 연회(宴會)를, 우리의 수욕(水浴)을 저 멀리 —
옮겨 놓았고, 우리에게 오랫동안 이미 너무 느리게 다가오는

사자(使者)들을 우리는 언제나 앞지른다. 이제, 보다 외롭게
서로서로를 모른 채 온통 서로서로에게 의지하며, 우리는
오솔길들을 더 이상 아름다운 꼬부랑길이 아닌 오직

직선 코스로 만들어 놓는다. 옛날의 불꽃은 오직 증기 보일러에서만
아직 타고 있고, 점점 더 큰 피스톤들을 작동시킨다
하지만 우리는 헤엄치는 사람처럼 힘이 빠진다.

XXV

Dich aber will ich nun, *Dich*, die ich kannte
wie eine Blume, von der ich den Namen nicht weiß,
noch *ein* Mal erinnern und ihnen zeigen, Entwandte,
schöne Gespielin des unüberwindlichen Schrei´s.

Tänzerin erst, die plötzlich, den Körper voll Zögern,
anhielt, als göß man ihr Jungsein in Erz;
trauernd und lauschend —, Da, von den hohen Vermögern
fiel ihr Musik in das veränderte Herz.

Nah war die Krankheit. Schon von den Schatten bemächtigt,
drängte verdunkelt das Blut, doch, wie flüchtig verdächtigt,
trieb es in seinen natürlichen Frühling hervor.

Wieder und wieder, von Dunkel und Sturz unterbrochen,
glänzte es irdisch. Bis es nach schrecklichem Pochen
trat in das troslos offene Tor.

XXV

하지만 나는 이제 **그대를**, 내가 이름도 모르는
어느 꽃처럼 알고 있었던 **그대를** 다시 **한** 번
기억하고 그들에게 보여주고자 한다. 탈취된
여인, 이겨내기 어려운 절규의 아름다운 놀이 동무.

처음엔, 마치 그녀의 젊음이 청동으로 주조(鑄造)된 듯,
주저함을 머금은 육체를 갑자기 멈춘 무용수;
슬퍼하고 경청하고 있는데―. 그때, 높은 권세로부터
그녀의 변화된 가슴에 음악이 내려왔다.

병은 가까이 와있었다. 벌써 영령들에 사로잡혀
검붉은 피는 밀어닥쳤고, 슬슬 빠져나가는 듯했지만,
자연스러운 봄철 흥기(興起)가 엿보였다.

다시금 또 다시금, 어둠과 추락으로 중단되면서도,
그것은 지상(地上)의 빛을 발하였다. 무섭게 두드리던 끝에
그것이 황량하게 열린 대문으로 들어섰을 때까지.

XXVI

Du aber, Göttlicher, du, bis zuletzt Ertöner,
da ihn der Schwarm der verschmähten Mänaden befiel,
hast ihr Geschrei übertönt mit Ordnung, du Schöner,
aus den Zerstörenden stieg dein erbauendes Spiel.

Keine war da, daß sie Haupt dir und Leier zerstör.
Wie sie auch rangen und rasten, und alle die scharfen
Steine, die sie nach deinem Herzen warfen,
wurden zu Sanftem an dir und begabt mit Gehör.

Schließlich zerschlugen sie dich, von der Rache gehetzt,
während dein Klang noch in Löwen und Felsen verweilte
und in den Bäumen und Vögeln. Dort singst du noch jetzt.

O du verlorener Gott! Du unendliche Spur!
Nur weil dich reißend zuletzt die Feindschaft verteilte,
sind wir die Hörenden jetzt und ein Mund der Natur.

XXVI

하지만 그대, 신(神) 같은 존재여, 퇴박맞은 바커스 무녀의
무리가 그를 덮쳤을 때, 마지막까지도 악기를 타던 그대,
아름다운 그대는 그들의 함성을 질서의 음향으로 압도하였고,
파괴하는 자들로부터 그대의 교화적 유희가 솟아났다.

그들이 아무리 실랑이질을 하고 미쳐 날뛰었어도, 그대의
머리와 칠현금을 파괴할 수 있는 무녀는 거기 없었다; 그들이
그대의 심장을 향해 던진 날카로운 돌 모두 그대에게 와
닿자 부드러운 것이 되었고 경청(傾聽)의 능력을 부여받았다.

드디어 그들은, 복수심에 불타, 그대를 쳐 죽였고,
그 반면 그대의 음향은 사자들 속에 또 바위들 틈에, 또
나무들과 새들 속에 머물렀다. 거기서 그대는 지금도 노래한다.

오 그대 몰락한 신이여! 그대 무한한 족적(足跡)이여!
단지 적대감이 그대를 끝내 갈기갈기 찢어 던져버렸기에,
우리는 이제 경청하는 자이며 자연의 입인 것이다.

Zweiter Teil

제2부

I

Atmen, du unsichtbares Gedicht!
Immerfort uns das eigne
Sein rein eingetauschter Weltraum. Gegengewicht,
in dem ich mich rhythmisch ereigne.

Einzige Welle, deren
allmähliches Meer ich bin;
sparsamstes du von allen möglichen Meeren, —
Raumgewinn.

Wieviele von diesen Stellen der Räume waren schon
innen in mir. Manche Winde
sind wie mein Sohn.

Erkennst du mich, Luft, du, voll noch einst meiniger Orte?
Du, einmal glatte Rinde,
Rundung und Blatt meiner Worte.

I

숨쉬기, 그대 보이지 않는 시(詩)여!
끊임없이 우리 자신의 존재와
순수하게 교환되는 세계 공간. 평형추(平衡錘),
그 속에서 나는 율동적으로 드러난다.

유일한 물결, 그것의
점차적 바다가 나 자신이다;
모든 가능한 바다들 중 가장 검약하는 그대, ─
공간 획득.

공간 속의 이 자리들, 그중 얼마나 많은 것이 이미
내 안에 있었던가. 많은 바람들은
내 아들과 같다.

대기여, 그대, 언젠가 나의 장소들에 아직 가득했던 그대는
나를 인식하는가? 그대, 한 번은 매끄러운 껍질(表皮),
둥긂, 나의 말들의 지면(紙面)이로다.

II

So wie dem Meister manchmal das eilig
nähere Blatt den *wirklichen* Strich
abnimmt: so nehmen oft Spiegel das heilig
einzige Lächeln der Mädchen in sich,

wenn sie den Morgen erproben, allein, —
oder im Glanze der dienenden Lichter.
Und in das Atmen der echten Gesichter,
später, fällt nur ein Widerschein.

Was haben Augen einst ins umrußte
lange Verglühn der Kamine geschaut:
Blicke des Lebens, für immer verlorne.

Ach, der Erde, wer kennt die Verluste?
Nur, wer mit dennoch preisendem Laut
sänge das Herz, das ins Ganze geborne.

II

때때로 급히 손 가까이에서 집은 종잇장에서
대가(大家)가 **참된** 획을 얻듯이, 그처럼
거울들은 가끔 소녀들의 신성하고
특유한 미소를 담아낸다.

그것은 그녀들이 새 아침을 홀로 점검하거나,―
혹은 시중드는 등잔의 불빛에 비춰볼 때이다.
하여 얼마 후 진솔한 얼굴의 숨결에는
오직 반영만이 서려 있다.

눈들은 벽난로의 그을음으로 검게 되고 천천히
사그라지는 저 불길에서 **무엇을** 바라보았던가:
영원히 실종된 삶의 눈길들을.

아, 대지(大地), 그것의 손실들을 누가 알겠는가?
오직 온전함 속에서 태어난 마음을 아직도
칭송의 음성으로 노래할 수 있는 자이리라.

III

Spiegel: noch nie hat man wissend beschrieben,
was ihr in euerem Wesen seid.
Ihr, wie mit lauter Löchern von Sieben
erfüllten Zwischenräume der Zeit.

Ihr, noch des leeren Saales Verschwender —,
wenn es dämmert, wie Wälder weit ...
Und der Lüster geht wie ein Sechzehn-Ender
durch eure Unbetretbarkeit.

Manchmal seid ihr voll Malerei.
Einige scheinen *in* euch gegangen —
andere schcicktet ihr scheu vorbei.

Aber die Schönste wird bleiben —, bis
drüben in ihre enthaltenen Wangen
eindrang der klare gelöste Narziß.

III

거울들: 너희가 본질에 있어서 무엇인지 지금껏
어느 누구도 결코 알면서 서술한 적이 없다.
너희, 온통 체 구멍으로 채워진 듯,
깊이를 잴 수 없는 시간의 틈새 공간.

너희는, 빈 거실의 영원한 낭비자—,
땅거미 질 녘이면, 숲처럼 넓다…
하여 샹들리에는, 어느 십육 각(角) 수사슴처럼,
너희의 발이 들여놓을 수 없는 경지(境地)를 지나간다.

때때로 너희는 그림들로 가득 차 있다.
어떤 이들은 너희 **안으로** 똑바로 걸어 들어간 듯하다—,
다른 이들은 너희가 수줍어 곧바로 지나가게 했다.

그러나 가장 아름다운 여인은 머물러 있을 것인바,
거기 그녀의 온통 붙잡혀진 뺨에 드디어
명료한 해방된[6] 나르시스의 모습이 침투하였던 것이다.

IV

O dieses ist das Tier, das es nicht giebt.
Sie wußtens nicht und habens jeden Falls
— sein Wandeln, seine Haltung, seinen Hals,
bis in des stillen Blickes Licht — geliebt.

Zwar *war* es nicht. Doch weil sie's liebten, ward
ein reines Tier. Sie ließen immer Raum.
Und in dem Raume, klar und ausgespart,
erhob es leicht sein Haupt und brauchte kaum

zu sein. Sie nährten es mit keinem Korn,
nur immer mit der Möglichkeit, es sei.
Und die gab solche Stärke an das Tier,

daß es aus sich ein Stirnhorn trieb. Ein Horn.
Zu einer Jungfrau kam es weiß herbei —
und war im Silber-Spiegel und in ihr.

IV

오 이것은 실제로 있지 않는 동물이다.
그들은 그것을 몰랐고, 어쨌든 그것을 사랑했다.
― 그의 걸음걸이, 그의 자세, 그의 목,
또 그의 조용한 눈초리까지.

참말 그것은 **있지** 않았다. 하지만 한 순수한 동물이 그들의
사랑으로 만들어졌고, 그들은 언제나 공간을 남겨두었다.
하여 명료하고 따로 비워놓은 그 공간에서
그는 머리를 가볍게 쳐들었고 거의 존재할

필요도 없었다. 그들은, 그가 존재한다는 가능성을
언제나 믿기에, 그를 어떤 곡물로도 부양하지 않았다.
하여 이것이 동물에 그와 같은 힘을 부여하였기에

그는 자기 이마에 뿔이 솟아나게 했다. 한 뿔.
한 처녀에게 그는 흰빛을 띠며 찾아왔고 ―
하여 은거울 속에 또 그녀 안에 자리 잡았다.

V

Blumenmuskel, der der Anemone
Wiesenmorgen nach und nach erschließt,
bis in ihren Schooß das polyphone
Licht der lauten Himmel sich ergießt,

in den stillen Blütenstern gespannter
Muskel des unendlichen Empfangs,
manchmal *so* von Fülle übermannter,
daß der Ruhewink des Untergangs

kaum vermag die weitzurückgestellten
Blätterränder dir zurückzugeben:
du, Entschluß und Kraft von *wieviel* Welten!

Wir, Gewaltsamen, wir währen länger.
Aber *wann*, in welchem aller Leben,
sind wir endlich offen und Empfänger?

V

아네모네에게 초원의 아침을
점차 열어주는 꽃―힘줄,
드디어 그것의 깊숙한 내부로 낭랑한
공중에서 다향(多響)의 햇살이 쏟아지는바,

조용한 꽃―별은 무한한
수용으로 힘줄이 긴장되고,
때로는 충만으로 **너무나** 압도되어
낙조(落照)의 평화로운 손짓도

멀리 뒤로 젖혀진 꽃잎 가장자리를
너에게 거의 되돌려줄 수 없구나:
너, **얼마나 많은** 세계들의 결심이며 힘인가!

우리, 폭력적인 자들, 우리는 더 오래 지속한다.
그러나 **언제** 우리는, 모든 삶들 중 어느 삶에서,
드디어 열리게 되고 수용자가 되겠는가?

VI

Rose, du thronende, denen im Altertume
warst du ein Kelch mit einfachem Rand.
Uns aber bist du die volle zahllose Blume,
der unerschöpfliche Gegenstand.

In deinem Reichtum scheinst du wie Kleidung um Kleidung
um einen Leib aus nichts als Glanz;
aber dein einzelnes Blatt ist zugleich die Vermeidung
und die Verleugnung jedes Gewands.

Seit Jahrhunderten ruft uns dein Duft
seine süßesten Namen herüber;
plötzlich liegt er wie Ruhm in der Luft.

Dennoch, wir wissen ihn nicht zu nennen, wir raten…
Und Erinnerung geht zu ihm über,
die wir von rufbaren Stunden erbaten.

VI

옥좌에 앉은 그대, 장미여, 고대인들에게
그대는 단순히 테두리가 있는 한 꽃받침이었다.
하지만 **우리에게** 그대는 충만하고 많은 측면의 꽃이며,
무궁무진한 대상(對象)이어라.

부유함에 둘러싸인 너는 오직 빛으로 된
몸에, 옷 위에 옷을 걸친 듯이 보인다;
그럼에도 하나하나의 잎은 동시에
모든 의상(衣裳)의 회피(回避)이며 거부이다.

수백 년 전부터 너의 향기는 우리에게
가장 감미로운 명칭들을 전해준다; 갑자기
그것은 명성(名聲)처럼 대기(大氣) 중에 감돈다.

그리하여도, 우리는, 그것을 어찌 부를지 몰라, 추측한다…
하여 우리가 회상해낼 수 있는 시간들로부터
청해 얻은 기억이 그것의 편이 된다.

VII

Blumen, ihr schließlich den ordnenden Händen verwandte,
(Händen der Mädchen von einst und jetzt),
die auf dem Gartentisch oft von Kante zu Kante
lagen, ermattet und sanft verletzt,

wartend des Wassers, das sie noch einmal erhole
aus dem begonnenen Tod —, und nun
wieder erhobene zwischen die strömenden Pole
blühender Finger, die wohlzutun

mehr noch vermögen, als ihr ahnet, ihr leichten,
wenn ihr euch wiederfandet im Krug,
langsam erkühlend und Warmes der Mädchen, wie Beichten,

von euch gebend, wie trübe ermüdende Sünden,
die das Gepflücktsein beging, als Bezug
wieder zu ihnen, die sich euch blühend verbünden.

VII

결국 정돈하는 손들과 (예전과 지금
소녀들의 손들) 친척인 꽃들이,
정원 식탁 위에 종종 널브러져 있고,
너희는 시들고 가볍게 다친 채로,

시작된 죽음으로부터 너희를 다시 한 번
회복시켜 줄 물을 기다리며 ─, 이제
흠뻑 젖은 손끝 사이에서 다시 들어 올려진바,
섬세한 손가락들은 너희가 짐작했던 것보다

더한층 기분 좋게 할 수 있다. 너희 가벼운 자들,
그때 너희는 항아리에 다시 담겨졌고,
천천히 열을 식히며 소녀들의 따스함을,

꺾임을 당한 것에 대한 음울하고 고달픈 죄들을
고백하듯, 발산하고, 다시 한 번 꽃피는 운명인
그들과 관계를 맺는다.

VIII

Wenige ihr, der einstigen Kindheit Gespielen
in den zerstreuten Gärten der Stadt:
wie wir uns fanden und uns zögernd gefielen
und, wie das Lamm mit dem redenden Blatt,

sprachen als Schweigende. Wenn wir uns einmal freuten,
keinem gehörte es. Wessen wars?
Und wie zergings unter allen den gehenden Leuten
und im Bangen des langen Jahrs.

Wagen umrollten uns fremd, vorübergezogen,
Häuser umstanden uns stark, aber unwahr, — und keines
kannte uns je. *Was* war wirklich im All?

Nichts. Nur die Bälle. Ihre herrlichen Bögen.
Auch nicht die Kinder… Aber manchmal trat eines,
ach ein vergehendes, unter den fallenden Ball.

(In memoriam Egon von Rilke)

VIII

산재한 도시 공원들에서 너희,
옛날 어린 시절의 얼마 안 되는 놀이 동무들아:
우리는 어떻게 서로 만나 주저하면서 즐겨 어울렸고,
말하는 종이 두루마리를 지닌 양처럼,

침묵으로 말을 하였던가. 우리가 기뻐한 때에도,
그것은 누구에게도 속하지 않았다. 누구의 기쁨이었나?
하여 그것은 지나가는 모든 사람들 틈에서
그리고 긴 한 해의 두려움 속에서 흐지부지되었다.

마차들은 우리 주변을 돌아 낯설게 지나갔고,
주택들은 우리 주위에 견실하나 허황하게 서 있었고, ― 어느 것도
우리를 안 적이 없다. **무엇이** 실제로 저 세상에 있었나?

아무것도 없었다. 단지 공들만. 그것들의 찬란한 아치.
아이들조차 없었다… 그러나 때때로 한 아이가,
아 소멸되는 아이가, 떨어지는 공 밑으로 달려갔다.

(에곤 폰 릴케를 추념하며)

IX

Rühmt euch, ihr Richtenden, nicht der entbehrlichen Folter
und daß das Eisen nicht länger an Hälsen sperrt.
Keins ist gesteigert, kein Herz —, weil ein gewollter
Krampf der Milde euch zarter verzerrt.

Was es durch Zeiten bekam, das schenkt das Schafott
wieder zurück, wie Kinder ihr Spielzeug vom vorig
alten Geburtstag. Ins reine, ins hohe, ins thorig
offene Herz träte er anders, der Gott

wirklicher Milde. Er käme gewaltig und griffe
strahlender um sich, wie Göttliche sind.
Mehr als ein Wind für die großen gesicherten Schiffe.

Weniger nicht, als die heimliche leise Gewahrung,
die uns im Innern schweigend gewinnt
wie ein still spielendes Kind aus unendlicher Paarung.

IX

재판하는 그대들이여, 없어도 될 고문과 죄수의 목에
더 이상 칼을 채우지 않음을 자랑하지 마라.
자비의 의도적인 경련이 그대들을 보다 부드럽게
비틀어 놓는다고 해서, 어떤 마음도 고양된 바 없다 ―.

단두대가 긴 세월을 통해 얻은 것, 그것을 단두대는,
아이들이 작년 생일에 받은 장난감을 내치듯,
다시 돌려준다. 순수하고, 고상하고, 대문처럼
열린 가슴속으로 참다운 자비의 신은 다른 모습으로

들어설 것이리라. 그는 신들이 그러하듯, 강력하게
찾아와서 더 찬연하게 주위를 비추지 않겠는가!
크고, 안전한 배들에 안겨줄 바람 **못지않게**.

무수한 세대의 품에서 태어나 조용히 놀고 있는 아이처럼,
말없이 우리의 마음속 깊이 감동을 주고, 가만히
지켜보는 은밀한 응시 못지않게.

X

Alles Erworbne bedroht die Maschine, solange
sie sich erdreistet, im Geist, statt im Gehorchen, zu sein.
Daß nicht der herrlichen Hand schöneres Zögern mehr prange,
zu dem entschlossenern Bau schneidet sie steifer den Stein.

 Nirgends bleibt sie zurück, daß wir ihr *ein* Mal entrönnen
und sie in stiller Fabrik ölend sich selber gehört.
Sie ist das Leben, — sie meint es am besten zu können,
die mit dem gleichen Entschluß ordnet und schafft und zerstört.

Aber noch ist uns das Dasein verzaubert; an hundert
Stellen ist es noch Ursprung. Ein Spielen von reinen
Kräften, die keiner berührt, der nicht kniet und bewundert.

Worte gehen noch zart am Unsäglichen aus …
Und die Musik, immer neu, aus den behendsten Steinen,
baut im unbrauchbaren Raum ihr vergöttlichtes Haus.

X

기계가 복종 대신 정신을 앞세워 무엄히 행하는 한,
그것은 우리가 획득한 모든 것을 위협한다. 훌륭한 수공(手工)의
더 아름다운 주저함이 멋을 뽐내지 못하도록, 기계는
더 단단한 건축을 위해 돌을 더 뻣뻣하게 재단한다.

어디서도 기계는 물러서지 않고, 우리는 그것에서 단 **한** 번도 빠져
나오지 못하고, 조용한 공장에서 기름칠하며 자족한다.
그것은 생명이다, ― 한결같은 결의로 정돈하고, 만들고 파괴하는바,
그것은 삶을 가장 잘 처리할 수 있다고 믿는다.

그러나 우리의 현존재는 아직은 마법에 걸려있다; 백여 곳에서
그것은 아직 원천(源泉)이다. 무릎을 꿇고 경탄할 줄 알아야
근접할 수 있는 힘들의 유희인 것이다.

형언할 수 없는 것을 맞아 말들은 연약하게 사라질 뿐이다…
하여 음악은 언제나 새롭게, 부적합한 공간에
진동하는 암석들로, 그것의 신성화된 집을 짓는다.

XI

Manche, des Todes, entstand ruhig geordnete Regel,
weiterbezwingender Mensch, seit du im Jagen beharrst;
mehr doch als Falle und Netz, weiß ich dich, Streifen von Segel,
den man hinuntergehängt in den höhligen Karst.

Leise ließ man dich ein, als wärst du ein Zeichen,
Frieden zu feiern. Doch dann: rang dich am Rande der Knecht,
— und, aus den Hählen, die Nacht warf eine Handvoll von bleichen
taumelnden Tauben ins Licht… Aber auch *das* ist im Recht.

Fern von dem Schauenden sei jeglicher Hauch des Bedauerns,
nicht nur vom Jäger allein, der, was sich zeitig erweist,
wachsam und handelnd vollzieht.

Töten ist eine Gestalt unseres wandernden Trauerns …
Rein ist im heiteren Geist,
was an uns selber geschieht.

XI

죽음의 소리 없이 정리된 여러 규칙은, 마냥 정복하는
인간이여, 그대가 사냥에 집착했던 때부터 있어왔다;
올가미와 그물보다도 나는, 대지(臺地) 동굴 안
깊숙이 걸쳐놓은 돛의 긴 조각, 그대를 더 잘 알고 있다.

그들은, 그대가 마치 평화를 경축하는 신호인 양, 그대를 가만히
들여놓았지. 하지만 그 다음: 하인은 그대의 언저리를 뒤트니,
동굴들에서 비틀거리는 몇 마리 흰빛 비둘기들이 밤의 어둠에서
낮의 밝음 속으로 뛰쳐나갔다. 그러나 **그것** 또한 법도에 맞다.

애도의 온갖 숨결은 관람자에게서 멀리 있을 지어다,
그것은 비단 때마침 전개되는 바를 주의 깊게 지켜보며
적절히 조치하는 사냥꾼에게만 국한되는 것은 아니다.

죽이는 것은 우리의 유랑하는 애도의 한 형태이다…
우리 자신에게 무엇이 일어나든, 그것은
청랑한 정신 속에서는 순수하다.

XII

Wolle die Wandlung. O sei für die Flamme begeistert,
drin sich ein Ding dir entzieht, das mit Verwndlungen prunkt;
jener entwerfende Geist, welcher das Irdische meistert,
liebt in dem Schwung der Figur nichts wie den wendenden Punkt.

Was sich ins Bleiben verschließt, schon **ists** das Erstarrte;
wähnt es sich sicher im Schutz des unscheinbaren Grau′s?
Warte, ein Härtestes warnt aus der Ferne das Harte.
Wehe —: abwesender Hammer holt aus!

Wer sich als Quelle ergießt, den erkennt die Erkennung;
und sie führt ihn entzückt durch das heiter Geschaffne,
das mit Anfang oft schließt und mit Ende beginnt.

Jeder glückliche Raum ist Kind oder Enkel von Trennung,
den sie staunend durchgehn. Und die verwandelte Daphne
will, seit sie lorbeern fühlt, daß du dich wandelst in Wind.

XII

변용(變容)을 의도하라. 불꽃 속에서 어떤 것이 너에게서
빠져나와 일련의 변형을 뽐내는 것에 영감을 받아라;
지상(地上)적인 것을 능숙히 지배하는, 저 계획적 정신은
상징의 고양 속에서 변곡점만큼 사랑하는 것은 없다.

머무름 속으로 자신을 폐쇄하는 그것은 이미 응고된 **것이다**;
둔탁한 잿빛의 보호 속에서 안전하다고 믿는 것인가? 조심하라,
정말 아주 단단한 것이 원방(遠方)으로부터 단단한 것에 경고한다.
애달프다 —; 보이지 않는 쇠망치가 내려치려 하누나!

원천으로서 자신을 쏟는 자를 인식의 주(主)는 인식한다;
하여 주는 그를 , 종종 시작과 더불어 끝맺고 끝과 더불어
시작하는, 청랑(晴朗)한 삼라만상을 지나 황홀하게 이끈다.

그들이 경탄하며 통과하는 모든 행복한 공간은
이별의 자식 혹은 손자이다. 하여 변용된 다프네는,
월계수로 느낀 이래로, 그대가 바람으로 변용되기를 의도한다.

XIII

Sei allem Abschied voran, als wäre er hinter
dir, wie der Winter, der eben geht.
Denn unter Wintern ist einer so endlos Winter,
daß, überwinternd, dein Herz überhaupt übersteht.

Sei immer tot in Eurydike —, singender steige,
preisender steige zurück in den reinen Bezug.
Hier, unter Schwindenden, sei, im Reiche der Neige,
sei ein klingender Glas, das sich im Klang schon zerschlug.

Sei — und wisse zugleich des Nicht-Seins Bedingung,
den unendlichen Grund deiner innigen Schwingung,
daß du sie völlig vollziehst dieses einzige Mal.

Zu dem gebrauchten sowohl, wie zum dumpfen und stummen
Vorrat der vollen Natur, den unsäglichen Summen,
zähle dich jubelnd hinzu und vernichte die Zahl.

XIII

이제 막 지나치는 겨울처럼 모든 작별에 앞서
있어라, 마치 그것이 그대 뒤에 있는 듯. 정녕
겨울들 중에서, 어느 것은 너무나 끝날 줄 모르기에,
겨울을 나며, 너의 마음은 아마도 이겨내리라.

언제나 에우리디케 속에서 죽어 있어라 —, 더욱더 노래하고
더욱더 찬양하며, 순수한 관계 속으로 다시 들어가라.
여기, 사라지는 날들 가운데에, 쇠퇴의 영역에 있으라, 저
공명(共鳴) 속에서 이미 깨어진, 공명하는 잔이 되어라.

존재하라 — 그것이 동시에 비(非)-존재의 조건임을 알아라,
그것이 너의 내밀한 진동의 무한한 근거인바,
네가, 단 한 번만이라도, 진동을 완전히 성취하도록 함이라.

충만한 자연의 사용된 것에, 또한 말없이 둔탁하게
남아있는 재고(在庫)에, 무수한 합계들에,
너 자신을 환호하며 추가하여 숫자를 무효화하라.

XIV

Siehe die Blumen, diese dem Irdischen treuen,
denen wir Schicksal vom Rande des Schicksals leihn, —
aber wer weiß es! Wenn sie ihr Welken bereuen,
ist es an uns, ihre Reue zu sein.

Alles will schweben. Da gehn wir umher wie Beschwerer,
legen auf alles uns selbst, vom Gewichte entzückt;
o was sind wir den Dingen für zehrende Lehrer,
weil ihnen ewige Kindheit glückt.

Nähme sie einer ins innige Schlafen und schliefe
tief mit den Dingen —: o wie käme er leicht,
anders zum anderen Tag, aus der gemeinsamen Tiefe.

Oder er bliebe vielleicht; und sie blühten und priesen
ihn, den Bekehrten, der nun den Ihrigen gleicht,
allen den stillen Geschwistern im Winde der Wiesen.

XIV

꽃들을 보라, 이 땅의 도(道)에 충실한 것들을.
그들에게 우리는 운명의 가장자리에서 운명을 빌려준다, ―
그러나 누가 알까? 그들이 그들의 시듦을 마음 아파한다면,
그들의 서글픔이 되어주는 것은 오직 우리의 몫이다.

모든 것은 떠다니고자 한다. 그런데 우리는 서진(書鎭)처럼, 여기
저기에서, 무게에 도취되어 우리의 무게로 모든 것을 누른다;
오 우리는 존재물(存在物)들에게 얼마나 소모적인 선생인가,
반면 그들 물(物)들에게는 영원한 유년기가 번영한다.

어느 사람이 그들을 은밀한 잠 속에 빠뜨리고 정물(靜物)들과
더불어 깊은 잠을 잔다면 ―: 오 그는 얼마나 가볍게, 하루마다
다르게, 공동의 심현(深玄)으로부터 벗어나겠는가.

혹은 그는 머무를 수도 있겠다; 그리되면 그들은 꽃을 피우며
이제 그들과 유사하게 된 전향자를 상찬(賞讚)하리라,
초원에 나부끼는 모든 형제자매들과 함께.

XV

O Brunnen-Mund, du gebender, du Mund,
der unerschöpflich Eines, Reines, spricht, —
du, vor des Wassers fließendem Gesicht,
marmorne Maske. Und im Hintergrund

der Aquädukte Herkunft. Weither an
Gräbern vorbei, vom Hang des Apennins
tragen sie dir dein Sagen zu, das dann
am schwarzen Altern deines Kinns

vorüberfällt in das Gefäß davor.
Dies ist das schlafend hingelegte Ohr,
das Marmorohr, in das du immer sprichst.

Ein Ohr der Erde. Nur mit sich allein
redet sie also. Schiebt ein Krug sich ein,
so scheint es ihr, daß du sie unterbrichst.

XV

오 분수-주둥이, 너 주는 자여, 너 주둥이는
한 가지 순수한 것을 한량없이 말하고 있고, —
너는, 물의 흐르는 얼굴 앞에서, 대리석
가면(假面)을 하고 있고, 하여 배경에는

수도관들의 유래가 있어. 저 먼 곳에서부터,
무덤들을 지나, 아펜니노의 언덕으로부터
그들은 너에게 너의 말거리를 실어다 주고,
그것은 다시 너의 턱의 검은 노화(老化)를

지나 앞에 있는 수반(水盤) 속으로 떨어진다.
이것은 자면서 뉘어놓은 귀이며,
대리석-귀에다 너는 언제나 속삭인다.

대지(大地)의 귀. 그러니까 대지는 자신하고만
얘기한다. 물 단지가 밑에 밀어 넣어지면,
그녀에게는 네가 그녀의 말을 가로챈 듯이 보인다.

XVI

Immer wieder von uns aufgerissen,
ist der Gott die Stelle, welche heilt.
Wir sind Scharfe, denn wir wollen wissen,
aber er ist heiter und verteilt.

Selbst die reine, die geweihte Spende
nimmt er anders nicht in seine Welt,
als indem er sich dem freien Ende
unbewegt entgegenstellt.

Nur der Tote trinkt
aus der hier von uns *gehörten* Quelle,
wenn der Gott ihm schweigend winkt, dem Toten.

Uns wird nur das Lärmen angeboten.
Und das Lamm erbittet seine Schelle
aus dem stilleren Instinkt.

XVI

언제나 다시금 우리에 의해 찢어지고 젖혀졌지만,
신은 치료하는 장소이다. 우리는 예리한
자들이니, 그도 그럴 것이 우리는 알고 싶어 하기
때문이다. 하지만 그는 청랑하고 분배되어 있다.

그는 자유로운 종말(終末)에
담담히 대립하는바, 그와 다르게는,
순수하고 봉헌된 증여까지도
그의 세계 속으로 받아들이지 않는다.

신이 죽은 자에게 묵묵히 눈짓해야만,
우리가 여기서 소리로서만 **듣고 있는**
샘물에서 죽은 자는 물을 마신다.

우리에게 제공되는 것은 소음(騷音)뿐이다.
하여 양은 훨씬 더 조용한 본능으로부터
그의 방울을 간청하여 얻는다.

XVII

Wo, in welchen immer selig bewässerten Gärten, an welchen
Bäumen, aus welchen zärtlich entblätterten Blüten—Kelchen
reifen die fremdartigen Früchte der Tröstung? Diese
köstlichen, deren du eine vielleicht in der zertretenen Wiese

deiner Armut findest. Von einem zum anderen Male
wunderst du dich über die Größe der Frucht,
über ihr Heilsein, über die Sanftheit der Schale,
und daß sie der Leichtsinn des Vogels dir nicht
                vorwegnahm und nicht die Eifersucht

unten des Wurms. Gibt es denn Bäume, von Engeln beflogen,
und von verborgenen langsamen Gärtnern so seltsam gezogen,
daß sie uns tragen, ohne uns zu gehören?

Haben wir niemals vermocht, wir Schatten und   Schemen,
durch unser voreilig reifes und wieder welkes Benehmen
jener gelassenen Sommer Gleichmut zu stören?

XVII

언제나 행복에 넘치게 급수되는 어느 정원에서, 어느 나무
가지에서, 부드러이 잎이 떨어진 어느 꽃받침에서, 어디서
위로의 이국적인 과일들이 익어 가는가?
이 값진 과일 하나들을 그대는 아마도 저 짓밟혀진 땅, 그대의

빈곤의 초원에서 발견할 것이다. 한 번 다시 한 번
그대는 과일의 크기에, 그것의 온전함에, 껍질의
연함에, 또 새의 경솔함이나 아래쪽 벌레의 질투가
그것을 그대에게서 선취해가지 않았음에 적이 놀랄 것이다.

우리의 소유가 아니면서 우리에게 열매를 가져다줄 만치
숨겨진 느린 정원사들에 의해 그처럼 기묘하게 가꾸어지고,
천사들이 날아드는 그런 나무들이 정말 있는 것인가?

성급히 익었다가 다시 시드는 우리의 행동으로 인해,
우리 유령들과 허깨비들로서, 저 태연한 여름의 평온(平穩)을
지금껏 한 번도 방해해본 적이 없었을까?

XVIII

Tänzerin: o du Verlegung
alles Vergehens in Gang: wie brachtest du's dar.
Und der Wirbel am Schluß, dieser Baum aus Bewegung,
nahm er nicht ganz in Besitz das erschwungene Jahr?

Blühte nicht, daß ihn dein Schwingen von vorhin umschwärme,
plötzlich sein Wipfel von Stille? Und über ihr,
war sie nicht Sonne, war sie nicht Sommer, die Wärme,
diese unzählige Wärme aus dir?

Aber er trug auch, er trug, dein Baum der Ekstase.
Sind sie nicht seine ruhigen Früchte: der Krug,
reifend gestreift, und die gereifterte Vase?

Und in den Bildern: ist nicht die Zeichnung geblieben,
die deiner Braue dunkler Zug
rasch an die Wandung der eigenen Wendung geschrieben?

XVIII

무희: 오 모든 사라져가는 것을 스텝으로 표현하는
변화: 얼마나 명쾌히 그대는 그것을 재현했던가.
하여 종결에서의 소용돌이, 동작으로 이루어진 나무,
그것은 달아나는 한 해를 온통 포착하지 않았던가?

정적의 우듬지는, 조금 전 그대의 잽싼 동작이 그것을
부산히 감싸, 갑자기 꽃피우지 않았던가? 하여 저 위로,
그대로부터 발산된 이 무수한 온기,
그 온기는 태양이 아니었던가, 또 여름이 아니었던가?

그러나 그대의 황홀한 나무, 그것은 또한 열매를 맺었다.
익으면서 테두리가 쳐진 항아리와 또 그보다 성숙된 화병:
이들은 그것의 조용한 열매들이 아니겠는가?

하여 그림들 속에: 자신의 선회로 이루어진
바탕에 재빨리 검은 획으로 그려 넣은 스케치,
그대 눈썹이 머물러 있었던 것이 아닌가?

XIX

Irgendwo wohnt das Gold in der verwöhnenden Bank
und mit Tausenden tut es vertraulich. Doch jener
Blinde, der Bettler, ist selbst dem kupfernen Zehner
wie ein verlorener Ort, wie das staubige Eck unterm Schrank.

In den Geschäften entlang ist das Geld wie zuhause
und verkleidet sich scheinbar in Seide, Nelken und Pelz.
Er, der Schweigende, steht in der Atempause
alles des wach oder schlafend atmenden Gelds.

O wie mag sie sich schließen bei Nacht, diese immer offene Hand.
Morgen holt sie das Schicksal wieder, und täglich
hält es sie hin: hell, elend, unendlich zerstörbar.

Daß doch einer, ein Schauender, endlich ihren langen Bestand
staunend begriffe und rühmte. Nur dem Aufsingenden säglich.
Nur dem Göttlichen hörbar.

XIX

금은 너그러운 은행 어딘가에 살며
수천의 사람들과 다정히 지낸다. 하지만
장님 거지는 동전 한 푼이 보기에,
옷장 밑 먼지 낀 구석이나 실종된 장소와 같다.

죽 늘어선 상점들에서 돈은 집같이 편히 지내며,
비단, 카네이션, 모피를 입고 과시한다.
그는, 침묵하는 자, 깨어서 또는 자면서,
돈이 숨 쉬는 틈새에 서 있다.

오 언제나 벌려있는 이 손이 어떻게 밤에 닫히겠는가?
내일 운명은 손을 다시 내밀고, 또 매일
그것을 내밀 것이다: 밝고 비참하고 무한히 파괴되는 것.

마침내 어느 관찰안(觀察眼)이 오랜 지속을 경탄하였다면,
그것을 이해하고 상찬(賞讚)해 줄 것이다. 찬양자에게만 말할 법한 일.
신적인 존재에게만 들릴 법한 일.

XX

Zwischen den Sternen, wie weit; und doch, um wievieles noch weiter,
was man am Hiesigen lernt.
Einer, zum Beispiel, ein Kind... und ein Nächster, ein Zweiter —,
o wie unfaßlich entfernt.

Schicksal, es mißt uns vielleicht mit des Seienden Spanne,
daß es uns fremd erscheint;
denk, wieviel Spannen allein vom Mädchen zum Manne,
wenn es ihn meidet und meint.

Alles ist weit —, und nirgends schließt sich der Kreis.
Sieh in der Schüssel, auf heiter bereitetem Tische,
seltsam der Fische Gesicht.

Fische sind stumm..., meinte man einmal. Wer weiß?
Aber ist nicht am Ende ein Ort, wo man das, was der Fische
Sprache wäre, *ohne* sie spricht?

XX

별들 사이는 얼마나 멀까; 하지만 사람들이 이 지상에서
배우는 거리는 얼마나 더 먼가!
어떤 사람, 예컨대, 한 아이… 또 그의 옆에, 두 번째 아이 —,
오 얼마나 헤아릴 수 없이 떨어져 있나.

숙명, 우리를 아마 존재자의 뼘으로 재고 있기에,
그것은 우리에게 낯설어 보인다;
생각해 보라, 어느 소녀가 한 남자를 마음에 두면서 피한다면,
그녀로부터 그에게까지 얼마나 많은 간격이 있겠는가.

모든 것은 멀다 —, 또 어디에서도 원(圓)은 닫히지 않는다.
보라, 싱그럽게 준비된 식탁 위, 접시에 담겨 있는
생선의 모습은 야릇하지 않은가.

물고기는 말이 없다… 사람들은 한때 그리 생각했다. 그럴까?
물고기의 언어가 될지 모르는 것을, 그것들 **없이도**,
말할 수 있는 곳은 결국 어디엔가 있지 않을까?

XXI

Singe die Gärten, mein Herz, die du nicht kennst; wie in Glas
eingegossene Gärten, klar, unerreichbar.
Wasser und Rosen von Ispahan oder Schiras,
singe sie selig, preise sie, keinem vergleichbar.

Zeige, mein Herz, daß du sie niemals entbehrst.
Daß sie dich meinen, ihre reifenden Feigen.
Daß du mit ihren, zwischen den blühenden Zweigen
wie zum Gesicht gesteigerten Lüften verkehrst.

Meide den Irrtum, daß es Entbehrungen gebe
für den geschehnen Entschluß, diesen: zu sein!
Seidener Faden, kamst du hinein ins Gewebe.

Welchem der Bilder du auch im Innern geeint bist
(sei es selbst ein Moment aus dem Leben der Pein),
fühl, daß der ganze, der rühmliche Teppich gemeint ist.

XXI

나의 마음이여, 그대가 알지 못하는 정원들을 노래하라;
색유리에 부어넣은 듯한, 맑고 도달될 수 없는 정경(情景)들.
이스파한과 쉬라즈의 하천(河川)들과 장미들,
그들의 희열을 노래하고 어느 것에도 비할 바 없는 그들을 찬양하라.

나의 마음이여, 그대가 그들 없이는 결코 지낼 수 없다는 것을, 또
그들의 익어 가는 무화과들이 그대를 마음에 두고 있음을 보여주어라.
또 그대가, 꽃피는 가지들 사이로, 환상으로 고양되는 듯이,
불어오는 미풍들과 교류하고 있다는 사실도 함께 말이다.

결심하리라: 존재하련다! 선택한 결심의 대가로
궁핍이 있으리라고 생각하는 오류를 범하지 마라.
비단실, 그대는 짜여 직물이 된 것이다.

그대가 내면적으로 어느 그림에 부합한다 해도
(그것이 고뇌에 찬 한순간의 삶일지라도),
온전하고 탁월한 양탄자라는 의미를 느껴라.

XXII

O trotz Schicksal: die herrlichen Überflüsse
unseres Daseins, in Parken übergeschäumt, —
oder als steinerne Männer neben die Schlüsse
hoher Portale, unter Balkone gebäumt!

O die eherne Glocke die ihre Keule
täglich wider den stumpfen Alltag hebt.
Oder die *eine*, in Karnak, die Säule, die Säule,
die fast ewige Tempel überlebt.

Heute stürzen die Überschüsse, dieselben,
nur noch als Eile vorbei, aus dem waagrechten gelben
Tag in die blendend mit Licht übertriebene Nacht.

Aber das Rasen zergeht und läßt keine Spuren.
Kurven des Flugs durch die Luft und die, die sie führen,
keine vielleicht ist umsonst. Doch nur wie gedacht.

XXII

오 숙명에도 불구하고: 우리 현존재의 훌륭한
과잉들, 공원들에서 솟구쳐 넘치고, —
혹은 발코니 밑에서 우뚝 서고, 드높은 아치
정문의 두 벽을 버티는 석상이 된다!

오 둔탁한 평일에 맞서 매일 공이를
들어 올리는 저 청동의 대종(大鐘)이 있고.
혹은 카르나크의 **한 개의** 원주(圓柱)는
거의 영원한 저 신전들보다도 오래 지탱하누나.

오늘날 이 과잉들은, 그저 속도만을
돋보인 채, 노란 수평의 낮부터 저 눈부시게
휘황찬란한 밤으로 돌진해간다.

그러나 그 광란은 사라져 어떤 흔적도 남기지 않는다.
대기를 가르는 비행(飛行)의 곡선들과 비행을 조종한 이들,
어느 것도 아마 헛되지 않겠지. 단지 고안된 것처럼 보이겠지.

XXIII

Rufe mich zu jener deiner Stunden,
die dir unaufhörlich widersteht:
flehend nah wie das Gesicht von Hunden,
aber immer wieder weggedreht,

wenn du meinst, sie endlich zu erfassen.
So Entzognes ist am meisten dein.
Wir sind frei. Wir wurden dort entlassen,
wo wir meinten, erst begrüßt zu sein.

Bang verlangen wir nach einem Halte,
wir zu Jungen manchmal für das Alte
und zu alt für das, was niemals war.

Wir, gerecht nur, wo wir dennoch preisen,
weil wir, ach, der Ast sind und das Eisen
und das Süße reifender Gefahr.

XXIII

그대의 시간들 중 그대에게 끊임없이
저항하는 시간에 나를 불러 달라: 그것은,
개의 얼굴처럼 호소하며 가까이 있다가도,
그대가 그 순간을 드디어 포착했다고 생각하면,

언제나 다시 토라져버리는 것이 아닌가.
그처럼 취소된 것이 대체로 그대 것이다.
우리는 자유롭다. 우리는 먼저 환영받고 있다고
생각하던 곳에서 퇴출 되었던 것이다.

겁이 나, 우리는 어떤 발판을 요구한다,
우리는 종종 늙은 것에 대해선 너무 젊고 또
한 번도 없던 것에 대해선 너무 늙었다.

그럼에도 우리는 찬양하는 바로 그 순간에 공정하다.
이는, 아, 우리가 큰 가지이며 절단기이고,
무르익어 가는 감미로운 위험이기 때문이다.

XXIV

O diese Lust, immer neu, aus gelockertem Lehm!
Niemand beinah hat den frühesten Wagern geholfen.
Städte entstanden trotzdem an beseligten Golfen,
Wasser und Öl füllten die Krüge trotzdem.

Götter, wir planen sie erst in erkühnten Entwürfen,
die uns das mürrische Schicksal wieder zerstört.
Aber sie sind die Unsterblichen. Sehet, wir dürfen
jenen erhorchen, der uns am Ende erhört.

Wir, ein Geschlecht durch Jahrtausende: Mütter und Väter,
Immer erfüllter von dem künftigen Kind,
daß es uns einst, übersteigend, erschüttere, später.

Wir, wir unendlich Gewagten, was haben wir Zeit!
Und nur der schweigsame Tod, der weiß, was wir sind
und was er immer gewinnt, wenn er uns leiht.

XXIV

오 이 기쁨은, 언제나 새롭고, 헐거워진 점토에서 얻는 것!
가장 이른 모험가들에게는 어느 누구의 도움도 없었다.
그럼에도 도시들은 지복(至福)한 만(灣)들 곁에 세워졌고,
그럼에도 물과 기름은 단지들을 채웠다.

신들, 우리는 먼저 그들을 대담한 스케치들로 투영하고,
그런 다음 투덜대는 운명은 이것들을 다시 파괴한다.
그럼에도 그들은 불사의 존재들이다. 보아라, 확실히 우리는
우리의 말을 들어주실 신들의 말을 듣는 것이 좋겠다.

우리, 수천 년을 통과한 한 종족: 어머니들과 아버지들은,
우리가 낳은 장래의 자식으로 점점 더 채워지고 ,
언젠가 자식은 우리를 능가하며 흔들어 놓을 것이리라.

우리는, 무한히 도전하며, 얼마나 많은 세월을 보냈나!
하여 굳게 다문 죽음만이 우리가 무엇인 줄을 파악하고, 시간을
우리에게 빌려주면, 언제나 이득을 본다는 것도 알고 있다.

XXV

Schon, horch, hörst du der ersten Harken
Arbeit; wieder den menschlichen Takt
in der verhaltenen Stille der starken
Vorfrühlingserde. Unabgeschmackt

scheint dir das Kommende. Jenes so oft
dir schon Gekommene scheint dir zu kommen
wieder wie Neues. Immer erhofft,
nahmst du es niemals. Es hat dich genommen.

Selbst die Blätter durchwinterter Eichen
scheinen im Abend ein künftiges Braun.
Manchmal geben sich Lüfte ein Zeichen.

Schwarz sind die Sträucher. Doch Haufen von Dünger
lagern als satteres Schwarz in den Aun.
Jede Stunde, die hingeht, wird jünger.

XXV

귀 기울여라, 그대는 벌써 첫 써레질 소리를
들을 수 있다; 다시금 인간적인 리듬이
이른 봄의 강인한 대지 위
긴장된 적막 속에서 울려 퍼진다. 다가오는 것은

그대에게 무미건조해 보이지 않는다. 그대에게 이미 그처럼
자주 왔던 것이, 이제는 다시금 새로운 것으로 다가오는 듯
보인다. 언제나 바라며 기다렸던 것, 그대는
그것을 정작 한 번도 취하지 않았고, 그것이 그대를 취했다.

겨울을 힘겹게 난 참나무 잎들조차
낙조(落照) 속에서 미래의 갈색을 드러낸다.
때때로 미풍들은 서로서로 신호를 주고받는다.

관목들은 검은 빛깔이다. 하지만 퇴비 더미들은
훨씬 더 윤기 나는 검정색으로 초원에 널려있다.
경과하는 각 시간은 점점 더 청신해진다.

XXVI

Wie ergreift uns der Vogelschrei…
Irgendein einmal erschaffenes Schreien.
Aber die Kinder schon, spielend im Freien,
schreien an wirklichen Schreien vorbei.

Schreien den Zufall. In Zwischenräume
dieses, des Weltraums (in welchen der heile
Vogelschrei eingeht, wie Menschen in Träume —)
treiben sie ihre, des Kreischens, Keile.

Wehe, wo sind wir? Immer noch freier,
wie die losgerissenen Drachen
jagen wir halbhoch, mit Rändern von Lachen,

windig zerfetzen. — Ordne die Schreier,
singender Gott! daß sie rauschend erwachen,
tragend als Strömung das Haupt und die Leier.

XXVI

얼마나 새의 울음은 우리의 마음을 사로잡는가…
일찍이 창조된 어느 울음소리.
그러나 아이들은 벌써, 들판에서 놀면서,
실제의 울음소리를 제치며 소리쳐댄다.

무턱대고 소리 지르는 것. (사람들이 꿈속에
잠기듯 ―, 잡히지 않는 새 울음이 미끄러져 가는)
이 세계 공간의 틈새 공간들 속으로 그들은
그 새된 소리 지르기의 쐐기들을 박는다.

오호라, 우리는 어디에 있는가? 점점 더 자유롭게,
끈 떨어져나가고, 바람에 갈기갈기 찢어진 연들처럼,
우리는 입가에 쓴웃음을 지으며 공중에 반쯤 떠서,

뒤쫓는다. ― 소리 지르는 자들을 정리해주세요,
노래하는 신이여! 그들이 쏼쏼 소리 내는 강물로서
각성하게 하여 머리와 칠현금을 실어 나르도록 하소서.

XXVII

Gibt es wirklich die Zeit, die zerstörende?
Wann, auf dem ruhenden Berg, zerbricht sie die Burg?
Dieses Herz, das unendlich den Göttern gehörende,
wann vergewaltigts der Demiurg?

Sind wir wirklich so ängstlich Zerbrechliche,
wie das Schicksal uns wahr machen will?
Ist die Kindheit, die tiefe, versprechliche,
in den Wurzeln — später — still?

Ach, das Gespenst des Vergänglichen,
durch den arglos Empfänglichen
geht es, als wär es ein Rauch.

Als die, die wir sind, als die Treibenden,
gelten wir doch bei bleibenden
Kräften als göttlicher Brauch.

XXVII

실제로 파괴자, 시간이 있는가? 그것은
언제 평온한 산 위에 있는 거성(居城)을 붕괴시킬까?
조물주는 신들에게 영구히 속해 있는
이 마음을 언제 파괴할까?

운명이 우리에게 믿게 하려는 것처럼,
우리는 실제로 그처럼 겁나게 부셔져 버릴 존재들인가?
약속이 듬뿍 뿌리에 담겼던 오묘한
유년 시절은 — 훗날 — 건재(健在)할 것인가?

아, 덧없음의 유령은,
무구(無垢)한 수령인을 통해,
마치 연기인 듯 지나간다.

우리의 본성 그대로, 줄기차게 살아가는
자들로서, 우리는 정녕 상존하는 힘들 가운데서
신들의 쓸모 있는 대상으로서 가치를 지니고 있다.

XXVIII

O komm und geh. Du, fast noch Kind, ergänze
für einen Augenblick die Tanzfigur
zum reinen Sternbild einer jener Tänze,
darin wir die dumpf ordnende Natur

vergänglich übertreffen. Denn sie regte
sich völlig hörend nur, da Orpheus sang.
Du warst noch die von damals her Bewegte
und leicht befremdet, wenn ein Baum sich lang

besann, mit dir nach dem Gehör zu gehn.
Du wußtest noch die Stelle, wo die Leier
sich tönend hob —; die unerhörte Mitte.

Für sie versuchtest du die schönen Schritte
und hofftest, einmal zu der heilen Feier
des Freundes Gang und Antlitz hinzudrehn.

XXVIII

오 왔다 가거라. 그대는, 아직 어린아이임에도,
한순간 피겨 무용 스텝을 현란하게 구사하여라;
그것이 순수한 성좌가 되게 하는
그런 무용에서 우리는 둔감하게 정리하는 자연을

쏜살같이 능가하는 것이다. 오르페우스가 노래했을 때,
정녕 자연은 설렘 속에서 온전히 들었을 뿐이다.
그대는 그 당시부터 감동 받은 그대로였고, 하여
어느 나무가 그대와 함께 들은 바를 행하기를

오랫동안 주저하면, 적이 이상한 느낌을 가졌다.
그대는 칠현금이 울리면서 상승되었던 자리를
아직도 알고 있다 —; 전대미문의 중심부.

그곳을 위해 그대는 아름다운 스텝들을 밟았고,
단 한번만이라도 치유(治癒)적 축제, 그쪽을 향해
친구의 발걸음과 시선을 돌려놓기를 희망하였다.

XXIX

Stiller Freund der vielen Fernen, fühle,
wie dein Atem noch den Raum vermehrt.
Im Gebälk der finsteren Glockenstühle
laß dich läuten. Das, was an dir zehrt,

wird ein Starkes über dieser Nährung.
Geh in der Verwandlung aus und ein.
Was ist deine leidendste Erfahrung?
Ist dir Trinken bitter, werde Wein.

Sei in dieser Nacht aus Übermaß
Zauberkraft am Kreuzweg deiner Sinne,
ihrer seltsamen Begegnung Sinn.

Und wenn dich das Irdische vergaß,
zu der stillen Erde sag: Ich rinne.
Zu dem raschen Wasser sprich: Ich bin.

XXIX

먼 지방의 조용한 친구여, 그대의
호흡도 공간을 증대할 수 있음을 느껴라.
어두운 종각(鐘閣)들의 들보들 속에서
그대 자신이 울리도록 하라. 그대를 여위게 하는

슬픔은 이 음식을 먹고 강건한 것이 된다.
변용을 거치며 나가고 들어오라.
무엇이 그대의 가장 쓰라린 경험인가?
마시는 것이 씁쓸하다면, 그대 자신이 포도주가 되어라.

이 깊고 깊은 한밤에, 그대의 감각들의
십자로에서 마력(魔力)이 되고,
그것들의 기묘한 만남의 의미가 되어라.

하여 지상(地上)적인 것이 그대를 잊을 때마다,
조용한 대지에게 말하라: 나는 흐른다.
빠른 물에게는 답하라: 나는 존재한다.

《두이노의 비가》에 대한 해설

염승섭

제1 비가

본 비가의 첫 시행(詩行)에서, 시인은 그가 직면하고 있는 실존의 문제를 화두(話頭)로 던지고 있다. 그는 참다운 존재의 모형으로 천사들을 눈앞에 그리며, 어느 천사가 그를 받아주기를 갈망한다. 천사들은 형이상학적 존재들로 그들의 본질은 내면성으로 구축되어 있다. 그리하여 시인이 한 천사에게 받아들여진다 해도, 그의 존재는, '내면성의 존재'인 천사에 동화(同化)되어 외양을 잃게 되고 그의 통속적 존재는 붕괴되고 만다.

서정적 자아(自我)인 시인은 첫 비가에서 자신이 지니고 있는 문제들을 그렇게 털어 놓는다. 그는 그 자신이 홀로 이 세계에, 이 '해석된 세계'에 홀로 던져져 있음을 느낀다. '해석된 세계'라 함은 우리에게 익숙해진 주변 사물들과 인물들이 외부에 인정받는 상태에만 머물러 있고, 그들의 참다운 내면적 가치는 인정되지 않는 환경이다. 그것이 20세기 실존주의에서 부각되는 실존적 사태(事態 Sachverhalt)이다. 우리는 주변의 여러 사물들에 둘러싸여 거기에 길들여져 있고, 그 습관의 테두리를 벗어나기가 쉽지 않다. 시인은 그의 현존재(Dasein)의 참다운 의미를 일상(日常)을 뛰어넘는 '아름다운 것(Das Schöne)'이나 '숭고한 것(Das Erhabene)'에서 찾는다. 이 두 개념은 독일 이상주의 미학에서, 특히 칸트(Kant)와 실러(Schiller)를 통해 지식인들의 의식 속에 잘 정착되어 있다. 시인은 이 비가에서 천사의 모습을 떠올리며, 그것을 숭고한 것의 범주에서 "무서운 것[즉 외경(畏敬)]의 시작"으로 파악하면서도, 그것과 '아름다운 것'의 연관관계를 직시한다. 그러면서 우주 공간으로부터 바람결에 실려 오는 메시지(πηευμα)[1]를 경청하고자 한다.

우리는 어떻게 공허감을 우리 몸에서 털어내고 존재의 참다운 의미 또는 실존(Existenz)을 경험할 수 있겠는가? 시인은 그가 경험하는 물체(Ding)들과 사태(事態)들로부터, — 봄들, 별들, 바이올린의 선율, 가스파라 스탐파, — 그것들로부터 그것들을 위해 참다운 의미를 대변해 주는 것의 위탁을 받았음을 느끼며 그 자신 시인으로서의 존재의 의미를 되새긴다. 그런데 문제는 위탁 받은 것에 대한 사명감과 더불어 어느 연인에 대한 동경이 동시에 일어나는 것이다. 여기서 릴케의 시론(詩論)은 그가 연인으로부터 일정 거리를 유지하며 그녀를 찬미하는 시구(詩句)들을 써야 한다는 것이다. 이런 맥락에서 릴케의 '소유(所有) 없는 사랑 besitzlose

---

[1] 참조 〈요한복음〉 3. 8: "바람이 임의로 불매 네가 그 소리를 들어도 어디서 오며 어디로 가는지 알지 못하나니 성령으로 난 사람은 다 이러하니라."

Liebe'의 개념이 파생하는데, 단 그것은, 릴케에 관한 여러 맥락에서 살펴보건대, '플라톤적 사랑 Platonic love'이라기보다는 단지 상대방을 구속하지 않고 자신도 구속되지 않는 '자동사적 사랑 intransitive Liebe'을 뜻하고 있는 것이다. 특히 그렇게 사랑할 수 있는 여인들은 자연의 평범한 한계를 뛰어넘어 인간성의 숭고한 승리를 가져다 준 전범(典範)으로 기억되는 것이다.

다음, '때 이르게 타계한 젊은이들로부터' 많은 것을 배울 수 있는 우리는 산 자들의 세계와 죽은 자들의 세계를 너무 구분한다는 것은 우리에게 결코 이롭지 않고 오히려 그들을 애도함에서 많은 위로를 받을 수 있다는 것을 제시하기 위해 고대의 가인(歌人) 리노스(Linos)의 예를 들고 있다. 이와 관련하여 릴케가 폴란드에서의 번역자 비톨드 홀레비츠(Witold Hulewicz)에게 보낸 1925년 11월 13일자 편지의 다음 구절은 시사하는 바가 많다:

> 죽음은 우리에게서 떨어져 나간, 우리에 의해 조명되지 않은 삶의 측면이오: 우리는 우리의 실존에 대해 최대한 의식을 갖추도록 노력해야 하오, 이 현존재는 양쪽의 경계가 구분되어 있지 않은 두 영역에 집을 짓고 있고 두 영역으로부터 무한정 배양되고 있는 것이오… 진정한 삶의 형식은 두 영역을 거쳐 이어지고, 가장 큰 순환의 혈액은 두 영역을 통해 진행되는 것이오: 이승도 저승도 없는 것이고, 다만 대통합만이 있는 것이어서 그 안에서 우리를 능가하는 존재들인 "천사들"이 안주하고 있는 것이오.

끝으로, 삶과 죽음의 두 영역의 연계성에 대한 릴케의 견해와 유사한, 공자의 《논어》의 다음 구절은 의미심장하다: 공자께서 냇가 둑 위에서 유유히 흘러가는 물을 바라보며 말씀하시기를: "서자여사부(逝者如斯夫) 불사주야(不舍晝夜)/지나가는 것은 이와 같구나!(川上嘆 천상탄). 밤낮을 쉬는 법이 없으니." 여기서 '지나가는 것(逝者)'은 '죽은 자'로서도 이해가 된다. 서자(逝者)도 끊임없이 노력한다는 것은 실존적 의미에서 매우 흥미롭다.

제2 비가

이 비가에서 제기되는 질문은 제1 비가의 문제 제기에 이어 우리의 인간적 존재는 그것이 지닌 인간성에 대해 나름대로 존속의 가치를 지니고 있고, 존속을 보장받을 수 있는가 하는 것이다. 시인은 인간 존재의 절대치라고 할 수 있는 천사의 위치로부터 그의 관찰을 시작한다. "모든 천사는 두렵다." 그리고 나서 시인은 한때 인간과 천사 사이에 어떤 다정한 친구 같은 관계가 가능했었다는 것을 성경에 등장하는 토비아스(Tobias)[2]의 경우를 들어 상기(想起)한다. 그럼에도 천사장(天使長)은 인간과의 격차로 인해 공포의 대상이 된다. 그 다음 천사 무리들의 여러 속성들이 연속해서 구체적 은유들로 제시된다. 그들은 특히 "영혼의 새들"이라

---

[2] '선함'을 뜻하는 헤브라이어 'Toniyahu'로부터 음역된 희랍어 τωβίασ(Tobias)에서 유래.

고 지칭됨으로써 영혼을 매개로 인간과 연관성을 지닌 채, 지고한 신(神)과 인간 사이에서 연락의 역할을 떠맡는다. 이러한 관점은 영지(靈知)주의에 가까운 것인데, 천사들은 거울처럼 발산된 빛과 아름다움을 그대로 자기 속에 다시 담고 있는 존재로 인식된다. 즉 천사들의 힘은 이 물리적 세계의 힘과 더불어 그대로 영속(永續)한다.

그에 반해 우리 인간들이 내세울 수 있는 것은 우리가 느끼는 감정이며 그것의 깊이이다. 시인은 감성(感性)의 세계를 대변한다. 천사들은 우리 마음에서 일어나 대기에 발산되는 에너지를 조금이라도 느낄 수 있는 것일까? 어림도 없다. 어떻게 그들이 그들 자신의 넘쳐나는 황홀감에 휩싸여 인간적인 것을 느낄 수 있을 것인가? 인간의 삶이 아무리 무상(無常)하게, 더운 수프에서 김이 빠지듯, 하루하루 흘러간다 해도, 우리의 존재는 현존재('거기에 있는 것 Dasein')로서 존립하는 것이다. 시인은 이 비가의 원문 23행에서 분명히 말하고 있다: "애달프다: 우리는 참말 그대로이다. weh mir: wir sinds doch." 바로 이 구절에 대해 릴케는 제2 비가를 이탈리아어로 번역하고 있던 마리 폰 투른 운트 탁시스 후작 부인에게 1913년 12월 16일자 서신에서 그녀의 번역 투를 비판하면서 다음과 같이 적고 있다: "아마도 한두 군데에서 번역이 정확하지 않아요.(…) 즉 wir sinds doch란 문장을 pur siamo ancora (wir sind doch noch 우리는 참말 아직은 그런대로이다)라고 번역해 놓으셨는데, 원본의 참뜻은 오히려 다음과 같죠: Lo siamo pure tutto quello chè se ne va (etwa: Wir sind doch alles, was nicht vergeht.) 아마도 (이렇게 말이죠): 우리는, 정말이지, 사라져버리지 않는 그 모두이에요."
감수성이 민감한 시인에게 '아' 하는 것과 '어' 하는 것이 얼마나 서로 다른 것인가를 단적으로 보여주는 경우이다. 여기서 우리는 시인 릴케에게 우리의 현존재는 엄연한 사실로 파악되고 있음을 인지한다. 제1 비가가 인간 조건을 축으로 하여 그와 관련된 전반적인 테마들을 다루었다면, 본 비가는 인간의 강렬한 감정을 가장 잘 대변하는 연인들의 존재 방식을 중심에 놓고 우리 현존재의 의미를 타진하고 있다고 사료된다. 이런 맥락에서, 릴케는 위에 언급한 같은 편지에서 이 비가의 원문 56행 - 59행의 구절들이 그에게 그처럼 소중한 것이라고 언급하고 있다. 해당 시행(詩行)은 아래와 같다.

> 그대들은 희열에 휩싸여 서로를 만지고 있다. 이는
> 애무가 지탱해 주고 있고 부드러운 손길로 감싸는 곳은
> 사라지지 않기 때문이고, 그대들이 그 가운데서 저 순수한
> 지속을 감지하기 때문이다.

위에 인용된 시구(詩句)들을 적고 나서 그는 다음과 같이 말했다: "그것이 의미하는 바는 글자 그대로예요. 즉, 애인이 그의 손을 갖다 대는 곳은 그것으로써 스러짐, 늙게 됨, 또 우리의 전체 체질에서 언제나 일어나고 있는 모든 분해 현상 같은 것으로부터 보류되는 것이죠, — 즉, 단순히 그의 손 밑에서 그 자리는 지속하고 존재하는 것이에요. 이 점을 문자 그대로 이탈리아어에

서 명료하게 해놓는 것이 가능해야 해요. 그것이 의역(意譯)되는 경우, 그 본뜻은 단순히 실종되고 마는 것이에요. 동의하지 않으세요? 그리고 나는 내가 그 시행들을 쓸 수 있었다는 것에 각별한 기쁨을 느끼며 그것들에 관해 생각하고 있어요." 이 비가의 끝 부분에서 시인은 '사랑과 작별'이라는 일반적 법칙에 따라 연인들의 연관 관계는 육체적으로는 지속될 수가 없으니, 고대 그리스의 조각품들 속에 아로새겨진 것같이, 옛 영웅들의 모습에서 절제의 미덕을 본받을 것을 드러내고 있다. "우리 자신의 마음은 저들처럼 우리를 언제나 뛰어넘는다." 하지만 우리는 우리에게 알맞은 '인간의 대지'를 발견해야 될 것이다.

제3 비가

우리가 이 비가를 찬찬히 읽노라면, 우리는 이 비가가 시적(詩的) 언어로 포장된 일련의 정신분석적 고찰이 아닌가 하는 의구심(疑懼心)을 떨쳐버릴 수가 없다. 실제로 1913년 무렵 릴케는 그의 연상의 연인 루 안드레아스 살로메(Lou Andreas Salome)와 더불어 지그문트 프로이드의 정신분석 치료에 상당한 관심을 보이고 있었다. 살로메는 여류 문필가로 실제로 프로이드 교수 밑에서 사사(師事)하며 정신분석 치료 방법을 익히고 있었다. 또한 두 사람은 당시 뮌헨에서 열린 정신분석학 학술대회에도 참석하였다. 우리는 이런 배경을 참작하면서도 문학과 정신분석학의 상호의존 관계에 주목하게 된다. 릴케는 《말테의 수기》라는 고심에 찼던 작업을 끝마치고 나서 그 당시 글쓰기를 포기할까 하는 생각도 했다고 한다. 그가 새로운 직업을 얻게 되면, '천사'라든가 '인형'이라든가 하는 심상(心想)들에서 벗어나 홀가분해질 것이 아닌가! 하지만 그는 시인의 사명을 저버리지 않았고, 여기에는 살로메의 격려도 작용했다고 한다. 프로이드의 정신분석학에서 이드(Id 개인의 본능적 충동의 원천)로 표현되는 것이 이 비가에서는 인간의 마음속 깊이 자리 잡고 있는 어떤 '원시림'으로 부각되어 있다. 이 비가에는 사랑의 쾌락과 욕망을 느끼기 시작하는 주인공을 대하게 될 어느 '소녀'와 그를 유년시절부터 보호해 온 그의 어머니에 대한 애틋한 추억이 담겨 있다. 청소년이 성년(成年)이 됨에 따라, 그는 원시림으로부터의 유산(遺産)과 지속된 인류 역사 속에서의 그의 위치를 의식하게 된다. 또한 이 비가에는, 우리가 주의 깊게 읽는다면, 프로이드 식의 '이드', '자아', '초자아(超自我)'가 공존해 있음을 알 수 있다. 끝으로, 시인은 주인공이 모든 것으로부터 압도되지 않도록 '소녀들'에게 호소한다.

제4 비가

이 비가는 시인의 독특한 시각에서 본 우리의 일상 세계와 우리의 처지에 대한 고찰이다. 먼저, 시인은 우리의 덤덤하고 변화 없는 생활에서 어떤 변조(變調)를 희구한다. 이러한 맥락에서, 릴케가 그의 친구 루돌프 카스너(Rudolf Kassner 1873-1959)에게 1911년 6월 16일 자 편지의 다음 구절은 시사하는 바가 크다: "나로 말하자면, 나는 내 인생이, 새롭게 풍요롭거나 쓸모 있게 되기 위해, 이룩해야 할 전환 국면을 아직도 이룩하지 못했네. Was mich angeht, so hab ich noch immer nicht die Wende geleistet, die mein Leben machen muß, um aufs Neue ergiebig oder gar gut zu sein."(Rainer Maria Rilke Briefe, Insel 1987, hrsg. Rilke—Archiv in Weimar in Verbindung mit Ruth Sieber—Rilke, besorgt durch Karl Altheim, Erster Band, S. 286)" 즉 우리가 우리 인생행로의 각 단계— 봄, 여름, 가을, 겨울 —에 맞추어 적절히 대응하지 못하고, '꽃핌과 시듦'만을 생각하며 낙담하고 있다는 것이고, 더군다나 우리가 처해 있는 세상은 상반(相反)과 적의(敵意)로 가득 차 있다는 것이다. 그리하여 연인들도 흔히 서로서로에게 '멀리 끌어주기'나 '흥미롭고 편안한 것'만을 기대하다가 결국 서로서로의 한계에 부딪치고 만다. 그러니 우리 인생극장의 주요 장면은 '이별'이다. 하지만 시인은 저 흔한 가면극을 바라보며, 출연 배우가 그저 밥벌이를 위한 수단으로 연기하고 있는 것을 알아차린다. 그래서 그는 그것을 거부하고, 인생극의 연출자로 안팎이 다르지 않은 인형(人形)과 그것의 동반자로 '천사'를 선호한다. 많은 사물들은 적대관계 속에 존재하고, 우리는 외양(外樣)에 따라 판단하기가 쉽다. 그에 반하여 시인이 중요하게 생각하는 것은 무엇이 내면(內面)에 존재하는 진실인가 하는 것이다. 시인은 특히 그의 깊은 마음속을 들여다본다. 거기서 그는 어려서부터 석연치 않은 장래에 대해 염려했던 아버지, 죽어서도 염려의 끈을 놓지 못하는 아버지의 모습을 본다. 해당 구절은, 제4 비가에 담긴 어머니에 대한 찬가 못지않게, 아버지에 대한 칭송이다. 끝으로 시인이 중요시하는 것은 우리의 내면적 진실이며(제7 비가 50행 참조), 그것의 돋보이는 예로서 과거도 없고 미래도 없이 오직 놀이에 빠진 어린아이의 무아경(無我境)이나 또는 삶과 죽음을 동시에 포용할 수 있는 어떤 태연한 자세라는 것이다. 이 테마는 제8 비가에서 다시 '열린 것'과 연계하여 논의된다.

제5 비가

《두이노의 비가》 중에서 흔히 '살땡방크 비가'로 가장 널리 알려진 본 비가는, 다른 비가들보다 뒤늦게 1922년 2월 14일 뮈조(Muzôt) 성에서 완성되었다. 유랑하는 곡예사들의 삶의 한 단면을 통해 근대사회에서의 인간 조건(La condition)인 한계 상황을 조명하고 있다고 사료된다. 이보다 앞서, 1907년 릴케는 파리에서 한 곡예사 가족의 공연을 관람하고 〈뤽상부르 공원 앞에서 Vor dem Luxemburg〉라는 시적(詩的) 산문을 남겼다. 그와 더불어 그의 관심을 불러일으켰을 법한 전범(典範)으로서는 피카소(Picasso 1881~1973)가 1905년 완성한 〈곡예사 가족 La Famille des Saltimbanques〉이라는 그림을 들 수 있다. 이 그림을 여류 수필가이자 미술품 수집가인 헤르타 쾨니히(Hertha König 1884~1976)가, 릴케의 조언을 받아들여, 1914년 구입하여 그녀의 집에 걸어 놓았었다. 릴케는, 그녀가 여름 휴가차 파리를 떠나 있는 동안, 이 그림과 함께 지내기를 소망했던바, 부인은, 그의 청을 받아들여, 그가 뮌헨의 그녀 아파트에서 1915년 6월 14일부터 10월 11일까지 거의 4개월 동안을 생활하며 작업하게 하였다. 릴케의 비가의 바탕에는 이 두 가지 경험이 깔려 있는 것이다. 특히 그가 파리에서 관찰했던 곡예단의 가부장인 '아버지 롤랭 Père Rollin'과 피카소의 그림에 나타나는 족장(族長)이, 본 비가에 등장하는 그 '왕년의 유명한 역도 선수'였던 '노인'의 전범이 되고 있다. 산문시, 피카소의 그림, 그리고 이 비가에서의 등장인물의 배열과 서술을 고려해 보면, 피카소의 그림에는 6명이, 릴케의 산문시에는 4명이, 비가에는 5명이 구성을 이루고 있다. 제5 비가는 그 나름대로 독창적 구상(構想)임이 드러난다. 하기야 피카소의 그림에서는 등장인물들의 내면적 상황이라든가 외부적 행동에 대한 서술은 있을 수가 없다. 하지만 그 그림이 시인의 지각을 민감하게 만들었다는 점에서, 우리는 그림의 등장인물과 구성을 정확히 파악하는 것이 비가를 이해하는 데에 필수적이라고 판단하지 않을 수 없다. 그림을 보면, 다소 경사진 회갈색의 공터 중심에 5명의 곡예사들이 무리를 지어 D자 형을 이루며 서 있는데, 중심에 롤랭 아버지(Père Rollin)라고 간주되는 아주 뚱뚱한 노인이, 바로 옆, 왼쪽 바깥에는 그의 사위가, 오른쪽에는 두 손자들이 있다. 이들 네 명은 관객 쪽을 향해 있고, 그들 전면에는 꽃바구니를 든 어린 소녀가 등을 돌린 채 서 있다. 또 그림의 오른쪽 하단에는 노인의 딸인 미모의 여인이 꽃무늬를 단 밀짚모자를 쓰고 홀로 떨어져 앞쪽을 응시하며 앉아 있다. 무리의 오른편 아랫부분이 비어 있는데, 그 아쉬움을 드러내는 자리는 의당 미모의 여성의 몫이 아닌가 생각된다. 그도 그럴 것이 노인을 뺀 4명은 한결같이 여인을 바라보고 있다. 그런데 릴케의 비가에서는 피카소 그림의 큰 손자에 해당되는 젊은 남자는 간결하게(원문 33-35행), 그에 비해 작은 애는 '그대'(Du 너)라고 다정하게 지칭되며 자상히 묘사되고 (40-50행) 있다. 작은 소년의 묘사는 릴케의 '시적 산문'에 나타나는 소년의 모습과 거의 일치한다. 더 나아가, 릴케의 비가가 그림의 인물 구성과 두드러지게 다른 것은, 비가에 나타나는 젊은 처녀(62-73행)는 아름답고 애처롭게 묘사되고 있다는 점이다. 또한 그녀는 그림의 어린 소녀와 미모의 어머니의 결합체로서 인식될 수 있다. 이 모든 것을 감안해 볼 때, 비가는 독창성에 있어 돋보인다 할 수 있겠다.

끝으로, 릴케 연구는[3] 이 비가의 이면적 텍스트로 니체의《차라투스트라는 이렇게 말했다》의 다음 구절들에 주목하고 있다.

> 인간은 짐승과 초인(超人) 사이에 연결된 밧줄, 즉 심연 위에 걸쳐진 한 밧줄이다. 그것은 한 위험한 건너가기이며, 한 위험한 도상(途上)이며, 한 위험한 뒤돌아보기이며, 한 위험한 소스라치기이며 정지(停止)이다. 인간에 있어 위대한 것, 그것은 그가 한 교량이지 목적이 아니라는 것이다: 인간에 있어 사랑받을 수 있는 것, 그것은 그가 상승(上昇)이며 동시에 하강(下降)이라는 사실이다. 〈서언 4〉

---

3 Rainer Maria Rilke. Bd. 2, 618 페이지, Werke: Kommentierte Ausgabe in vier Bänden, hrsg. Manfred Engel, Ulrich Fülleborn, Horst Nalewski, August Stahl(Frankfurt a.M.: Insel, 1996).

제6 비가

이 비가는 그중 가장 짧은 것으로, 속전속결인 양, 거침없이 진행한다. 주제는 아주 단순하지만, 까다로운 구절이 여기저기 있다. 이것을 적절히 이해하기 위해서 우리는 시행(詩行)들 밑에 깔려 있는 시인의 생철학적 신념 체계를 염두에 둘 필요가 있다. 우리는 대체로 청춘의 즐거움을 만끽하고 동시에 우리가 설정한 인생 목표에 도달하기를 희망한다. 그러나 많은 경우에 우리는 여러 장애물로 인해 좌절하고 우리의 목표는 더욱더 이룩하기가 어려워진다. 그런데 무엇이 참다운 삶인가? 시인의 안목으로는, 어떤 가식적(假飾的)이 아닌 참다운 삶, 즉 실존(Existenz)인 것이다. 그런 의미에서 우리는, 제4 비가의 첫 시행에서 추구하고 있는 것처럼, 단조로운 생활에서 어떤 변조(變調)와 목표를 향한 결연한 행동의 동기가 필요하다. 본 비가에서 좋은 본보기로 무화과(無花果)나무를 들고 있는데, 그 이름이 말해주듯, 이 나무는 꽃피는 과정을 단숨에 뛰어넘고, 밑으로 내려간 수액을 곧 다시 위로 끌어올려 열매를 맺는다. 그것에 비해 우리는 '마음속 즐거움'에 사로잡혀 '행동'의 충동을 강하게 느끼지 못한 나머지, 우리의 목표는 '배반을 당하게(verraten)' 된다는 것이다. 인생은 길다면 길고, 짧다면 짧은 것이다. 시인의 안목에서 보면, 중요한 것은 어떻게 목표의 결실을 이루냐 하는 것이고, 그 전범으로 삼손(Samson)과 같은 '영웅'을 내세운다. 그러면 그는 변화된 위상(位相)에 오를 것이나, 영구한 것은 아니다. "거기서도 그를 찾아보기란 힘들 것이다." 제1 비가의 53행에서 말하고 있는 것과 같이. "정녕 머무름은 어디에도 없다." 그와 같은 시인의 서정적(抒情的) 전망 속에서 고찰한다면, 우리는 삶에서 죽음에 이르고, 죽음에서 다시 삶에 이르게 되듯이, '하강(下降)'은 '상승(上昇)'의 전제가 되는 것이다.

제7 비가

제6 비가에서 지상 생활의 특출한 개별적 현상으로 영웅이 예찬되었다면, 본 비가에서는 지상 생활의 의미가 폭 넓게 찬양된다. 시인은 봄날 새들의 지저귐에 주목하며, 우리가 추구하는 것도 거의 같은 맥락에서 이해되기를 바란다. 즉, 우리는 정녕 어느 한 연인만을 향하여 구애하는 것이 아니고, 인간에게 보편적인 동경(憧憬), 구체적으로는 '소유 없는' 사랑의 메시지가 유효하다는 것을 강조한다. 우리가 발을 붙이고 있는 이 지상에 더 이상 존재하지 않는다는 것은 이상하기 짝이 없는 노릇이다. 시인은 봄날의 애틋한 정서, 여름 날 아침의 산뜻함, 다정한 꽃들과 웅장한 나무들, 밤들, 지상의 별들, 이 모든 것을 어찌 간과하겠는가! 시인은 읊조린다. "오, 언젠가 죽어서 저들을 무한히 알게 되는 것, / 그 모든 별들: 어찌, 어찌, 어찌 그들을 잊겠는가!"(원문 28-29행) 시인에게 우리의 내면적 인간적 가치는 소멸하지 않는다. 그것은 또한 고대로부터 내려오는 우리의 많은 문화적 유산(遺産)들에도 잘 보전되어 있는데, 우리가 그것을 볼 수 있어야 한다는 것이다. 또한 우리는 우리의 참된 경험을 내면화해야 한다는 것이고, 우리의 내면적 인간적 가치는 시대상의 변화에도 불구하고, 짧은 순간들 속에서 경험했던 '사랑의 기쁨'까지도 포함하여, 결코 소멸되지 않는다는 것이다.

아름답고 숭고한 것에 대한 우리의 동경(憧憬)은 '강한 전류'처럼 치닫는 것이기에 천사도 그것에 대항하지 못할 것이라고 이 비가의 마지막 구절은 명시하고 있다. 이러한 맥락에서 릴케가 마리 후작 부인에게 1912년 5월 14일 편지의 다음 구절은 시사(示唆)하는 바가 크다. "그 동경이란 것은 어느 사람으로부터, 그 어떤 것도 반대 방향에서 그와 대적할 수 없을 만치, 그처럼 강력하게 방사되는 것이 아닌가 하는 묘한 생각이 가끔 들어요."

제8 비가

1922년 2월 7/8일에 완성된 본 비가가 오스트리아의 문화철학자 루돌프 카스너(Rudolf Kassner 1873~1959)에게 '헌정되었다고' 비가의 본문 앞에 명시되었다는 것은, '두이노의 비가' 전체가 마리 탁시스 후작 부인에게 귀속되어 있다는 서언에 비추어 볼 때, 다소 예외적이어서, 전 작품이 1922년에 출판된 때부터, 카스너와 릴케의 관계는 문학 비평계의 비상한 관심을 불러일으켰다. 릴케는 그의 생애의 거의 마지막 편지를 1926년 12월 15일, 사망하기 2주 전에 카스너에게 보냈다. 카스너는 릴케에게 그의 전 생애에 걸쳐 가장 중요한 (남자) 친구로 남아 있었던 것이다.[4] 본 비가를

---

4 Rainer Maria Rilke und Rudolf Kassner Freunde im Gespräch. Briefe und

적절히 이해하기 위해서는 그 두 사람의 관계와 이 비가에 끼친 카스너의 영향을 면밀히 살펴 볼 필요가 있다. 카스너는 본 비가를 증정 받고 나서 2년 후에 그의 저술《변형 Die Verwandlung》을 릴케에게 답례로 헌정하였다.[5] 1907년 가을 릴케가 자작시 낭송을 위해 비엔나에 와서 엄청난 성공을 거두었을 때, 이 두 사람은 호프만스탈(H. v. Hofmannsthal)의 주선으로 서로 처음 만났고, 그것을 계기로 그들의 우정은 급속도로 진전하였다. 카스너와 릴케는 출신 성분과 기질 면에서 서로 달랐지만,[6] 상호간의 인간적인 이해를 통해, 그들의 문화 철학적 대화에 있어 상호 보충적이 되었다. 그들은, 마치 운명의 손에 의해 이끌리듯, 1910년 10월 말부터 거의 두 주(週) 동안을 파리에서 함께 만나, 아침저녁으로 식사를 같이하며 또는 카페에서 캐모마일차를 마시며 그들의 문화 철학적 내지 예술적 생각들과 견해들을 나누었다. 그 당시 카스너는 《인간적 위대성의 요소들에 관하여 Von den Elementen der menschlichen Größe, 1911》를 집필하는 중이었기에, 그들의 대화의 중심은 횔덜린(Hölderlin)의 시(詩) 세계에 담겨 있는 '위대성'의 개념, 또는 가톨릭적 혹은 (신교) 기독교적 위대성, 또는 고대(古代)적 위대성에 관한 것이었고, 그 외에 중재자로서의 예수의 역할에 대해서

Dokumente, hrsg. Klaus E. Bohnenkamp(Insel 1997), 8쪽을 볼 것.

5　같은 책, 7쪽을 볼 것.

6　같은 책, 11쪽 이하를 볼 것; 특히, 릴케는 사회적 지위에서 몰락한 소(小)귀족 가정의 독자로 외롭게 자랐지만, 카스너는 부유한 집안의 열 자식 중 일곱 번째로 안정되게 자랐음.

도 얘기를 나누었다고 한다. 그 와중에, 카스너는, 릴케가 그의 초기 서정시의 핵심 태마인 '친밀Innigkeit'로부터 벗어나 어떤 새로운, 더 가치 있는 것을 추구하고 있다는 것을 간파하고, 시인의 머리 위로 다음과 같이 소리쳤다고 한다. "친밀한 것으로부터 위대한 것으로 이행하고자 하는 자는 자신을 희생해야 한다. Wer von der Innigkeit zur Größe will, der muß sich opfern." 카스너는 이 말에 릴케가 충격을 받았음을 직감하고, 그날 숙소로 돌아와 그 문장을 수첩에 적어 놓았다고 한다. 즉 릴케는 그의 초기 서정시들에 비추어 '친밀'을 '사랑'으로 곧 이해했고, 진정으로 훌륭한 예술작품이 되기 위해서는, '위대성'이 필요하고 그것이 그의 목표가 되어야 한다는 것에 충분히 동의하였다. 그런데 난감한 것은 그 과정이 '자신의 희생'을 요구한다는 대목이었다. 그는 그 말을 마음 속에 되새기고 있다가, 아프리카 여행 중 카이로에서 그 문구가 독일 문예지 《새로운 평론 Neue Rundschau》 1월 호에 실린 것을 보고, 자기를 위해 쓰인 것이라고 감지하였다는 것이다.[7] 그와 같은 의식의 비판은 그가 평소에 품어 왔던, — 상대방을 구속하지 않는다는 의미에서, — '소유 없는 사랑 besitzlose Liebe'에 대한 소신을 강화시켰고, 더 나아가, '열려 있는 것 das Offene'에 대한 안목을 키웠다. 즉 사랑과 죽음이 우리 현존재의 양극(兩極)을 이루고 있다면, 그것들은 '열려 있는 공간'에서는 공존한다는 것이다. 릴케의 출구는 '열려 있는 것 das Offene', 달리 말하면, '열려 있는 공

---

7 같은 책, 39쪽을 볼 것.

간'이 된다. 그 당시 횔덜린 연구가인 헬링그라트(N. v. Hellingrath)가 그들의 교우(交友) 범위 내에 있었고, 릴케 자신도 횔덜린 시들에 대한 비상한 관심을 지니고 있었기에, 그의 '열려 있는 것'에 대한 관심은 횔덜린의 시 〈빵과 포도주 Brod und Wein〉의 그 유명한 구절 "자, 우리가 저 열려 있는 것을 보도록 오거라! So komm! dass wir das Offene schauen!"에서도 영향 받은 것으로 보인다.

《두이노의 비가》는 열 개의 비가로 구성되어 있는데, 처음 다섯 개를 전반부로 본다면, 그 다음의 다섯 개는 후반부를 이루게 되고, 제8 비가는 후반부의 중심에 서 있다. 제5 비가에서 현존재의 여러 가지 국면들을 다루었다면, 그 모든 것을 아우를 수 있는 어떤 순환구조가 시인에게 필요한 시점이 되었다. 그가 제4 비가의 첫 행에서 그의 시작(詩作)에 어떤 전기(轉機)가 도래하기를 동경하고 있다면, 그는 이제 '열려 있는 것 Das Offene'에서 그의 출구를 찾고자 한다. 그는 카스너와의 긴밀한 대화 이후 거의 8개월이 지난 1911년 6월 16일에 카스너에게 보낸 편지에서, 릴케는 다음과 같이 고백하고 있다. "나에 관해 말하자면, '새로운 것'에 접하여 아주 생산적이고 훌륭하게 되기 위해 나의 삶이 택해야 하는 그 '전환 국면 Wende'을 아직도 마련하지 못했네." 그는 그의 출구를 바로 '열려 있는 것'에서 찾고 있었다. 그로부터 2년 후에 그가 정원에 앉아 있는 어느 제삼자 주인공의 시각을 통해 작성한 〈경험 Erlebnis 1〉에 담긴 다음 구절은 의미심장하다:.

"그가 대체로 간과할 수 있었던 것은 모든 대상(對象)들이 그에게 더 멀리서 그럼에도 어딘가 더 진실되게 다가왔다는 것이었다, 그것은 그의 시선이 아마도 더 이상 앞으로 치닫지 않고, 거기, 그 열린 것 속에서, 희석(稀釋)되어 버린 그의 시선(視線)으로 말미암은 것이었다."[8]

이것은 죽음의 공포로 왜곡되지 않은, 전체 존재를 향한 세계 위상의 순간적 경험이었다. 릴케에게 '열린 것'의 개념은 사적 영역에서 직관적 통찰력을 통해 습득한 것이기에, 그의 시적(詩的) 구상(構想)에 핵심 개념이 되기 위해서는, 그에 합당한 어떤 이론적 체계가 필요했다. 그러던 차에 그는 1915년 "영원한 도시 Die ewige Stadt"란 제목하에 개최된 일련의 강연회들에 참석하였고, 그와 동시에 강연자인 알프레드 슐러(Alfred Schuler 1865~1923)와 개인적으로 인사도 나누었다. 슐러는 재야 학자(Privatdozent)로서 그 당시 뮌헨에서 활약하던 우주론자들(Kosmiker) 서클에 속해 있었는데, 우리의 논의에 해당되는 범위 내에서 그의 지론(持論)을 요약하면 다음과 같다:

"열린 삶에 있어서는 어떤 소유도, 어떤 사유재산도 없다 …… 모두는 모든 것 속에서 산다. …… 이 시간 '원시 시간'에 깃들여 있는 자유의 감정도 우주의 무경계성(無經界性)과 하나 됨의 감정에 다름 아니다. …… 열려진 삶의 특징들은, 성취와 충족의 느낌, …… 수동(受

---

[8] Rilke, S.W. Bd. VI, 676 쪽.

動)적임, 순간 속에 머무름, 순간의 영원화, 시간의 정지, 절대적 존재의 감정이다. ……"

'열려 있는 것'의 개념은, 1910년 가을에 릴케와 카스너 사이에서 오갔던 진지한 대화 이래로 거의 11년 반이 지나, 이 비가의 핵심 개념이 되었고, 그것을 축으로 하여 제10 비가에서 삶과 죽음을 함께 아우르는 순환구조가 형성하게 된다. 이로써 그가 시인으로서 갈망해 오던 전기(轉機)가 드디어 마련 된 것이다.

이 비가는 단적으로 삶과 죽음이 공존하는 것 즉 "열려 있는 것", 더 쉽게 말해서 '열려 있는 공간 offener Raum'에 대한 애조(哀調)를 띤 동경이다. 우리 인간은 끊임없이 죽음을 예감하고 있고, 우리가 경험하는 연인들 간의 작별도 죽음의 예고편이다. 그런데 동물들은 우리와 다르게 '열린 공간'만을 바라보며, 창조계의 내면에서만 움직이기 때문에, 죽음이 있는 그 바깥을 보지 못한다는 것이다. 그에 반해 우리 인간들은 대체로 모든 사물, 피조물과 대치(對峙)하고, 대치의 끝에서 죽음을 예감한다는 것이다. 릴케는 스트루베(Lev. P. Struve)에게 쓴 1926년 2월 25일자 편지에서 '열린 것'에 관해 다음과 같이 설명하고 있다.

당신은 "열린 것"의 개념을 이해하셔야 하는데, 나는 그것을 이 비가에서 다음과 같이 제의하려고 애썼소. 동물의 의식 수준을 말하자면, 그것은 이 세상에 태어날 때, 어느 순간에도 (우리와는 다르게) 세계와 대치하는 법이 없다는 것이에요. 동물은 세계 안에 있어요.

우리는 우리의 의식이 취한 특별한 방향과 증강으로 말미암아 세계 앞에 서 있는 것이에요. 그러니까 "열린 것"에 의해 의미되는 것은 하늘도, 대기도, 공간도 아니에요. 그것들은, 그것을 관찰하고 판단하는 인간의 입장에서 보면, 또한 오직 "대상물들"로서 "불투명하고" 닫혀 있는 것이죠. 동물과 꽃은, 추측하건대, 자명(自明)하게 위에서 말한 모든 것이고, 그렇기에 그것의 앞과 위로 말할 나위 없이 저 열린 자유를 지니고 있는 것인데, 우리에게 대등한 경험들은, (비록 쏜살같이 순간적이고 무상(無常)하다고 해도), 단지 우리가 사랑하는 사람 안에서 또 신(神)을 향한 황홀한 승복 속에서 우리의 광활함을 알아차리는, 저 사랑의 첫 순간들을 느끼는 때뿐일 것이오.[9]

인간은 어머니의 모태에서 태어나 궁극적으로는 죽음에 이른다. 시인은 삶의 강렬한 경험으로 사랑을 꼽고, 거기에 맞추어 사랑과 죽음을 현존재의 양극(兩極)으로 간주한다. 그 열린 공간에서 죽음은 장애물로서 존재하지 않는다. 그리하여 두 연인들이 일심동체가 되어 있을 때, 그들은 열린 공간을 순간적으로 경험하게 되나, 타자(他者)의 존재를 의식하는 순간부터 열린 공간은 사라진다. 어린 시절의 경험도 마찬가지다. 어린아이가 무아경(無我境)에 빠졌을 때 열린 공간을 경험하지만, 어른들은 아이의 시선을 다른 쪽으로 돌려 피조물들을 보게 한다. 반대로 어느 죽어

---

9 해당 편지, Maurice Betz, Rilke in Frankreich: Erinnerungen-Briefe -Dokumente, Wien/Leipzig/Zürich 1937.

가는 사람은 모든 장애를 넘어서 열린 공간을 순간적으로 본다는 것이다(원문 21-23 행). 그밖에, 모든 피조물들은 그들이 그들의 모태에서 안전했던 것을 막연히 기억하며 대체(代替)를 추구하지만, 그들이 접하는 세계는 "모호하고 바람이 새어든다."(51행) 이런 관점에서 자연환경에 가까운 '모태'에서 태어난 "모기의 행운"(52행)이 역설적으로 언급된다. 새들은 그들의 출생의 보금자리와 공중을 공히 소유하며 활개 치며 날아다니지만, 그보다 못하게 모태에서 태어난 박쥐들은 괴성을 지르며 저녁 하늘을 날아오른다. 이 모든 것을 묵묵히 관찰하는 우리 인간들은 나름대로 이리저리 우리 현존재를 위한 보금자리를 꾸려 보려고 노력하지만, 결국 그것을 등지고 작별의 길을 떠나게 된다.

제9 비가

제8 비가가 애상적(哀想的) 단조(短調)로 점철되어 있다면, 본 비가는 처음 시구들에서 지속되고 있는 비탄을 우리의 '인간적' 사명으로 극복해야 한다는 희망적 장조(長調)로 변조(變調)되어 간다고 하겠다. 이러한 전기(轉機)를 이해하기 위하여 우리는 릴케가 일차 세계대전(1914~1918)이 끝날 무렵에 그가 느꼈던 심경을 그의 지인(知人)인 알리네 디트리히슈타인 백작 부인(Gräfin Aline Dietrichstein)의 임박한 결혼을 축하하기 위해, 1918년 10월 9일자로 보낸 편지의 다음 구절에서 감지할 수 있다:

"당신의 결혼식 날짜가 저 자신을 되돌아보게 하는 계기가 된다고 믿어요. 그래서 정말이지, 친애하는 백작 부인, 제가 고백하는바, 저는 인생이 침해할 수 없이 값진 것이기에 많은 비운(悲運)들과 경악들의 연쇄도, 무수한 숙명들의 희생도, 또 지난 몇 년에 걸쳐 극복할 수 없을 만치 더욱더 기승을 부리는 공포로 우리에게 다가온 그 모든 것도, 현존재의 충만함과 선의(善意)와 애착에 대한 저의 신념을 흔들어 놓지 못할 것이에요."[10]

이 비가를 집필할 당시 시인은 아마도 두이노 성에 머물면서, 정원에 무성한 월계수들을 바라보고 신화에 나오는 다프네(Daphne)의 경우를 연상하며, 그녀처럼 위험을 모면하여 나름대로 안온하게 살아가는 존재 방식에 대해 성찰해 볼 수 있었을 것이다. 하지만 그는 다프네의 경우처럼 단순히 '마음의 연습'이 아닌, 자기에게 부과된 저 '인간적인 것'을 행해야 한다는 당위성을 자각하게 된다. 그것도 이 지상에서 단 한 번만 주어지는 기회란 것이다. 우리 주변의 사물들은, 더 나아가서 대지(大地) 자체가 우

---

10 Ihr Hochzeitstag sei mir ein Anlaß, mich zu prüfen. Und da bekenne ich denn, liebe Gräfin, daß ich das Leben für ein Ding von der unantastbaren Köstlichkeit halte, und daß die Verknotung so vieler Verhängnisse und Entsetzlichkeiten, die Preisgebung so zahlloser Schicksale, alles, was uns diese letzten Jahre zu einem immer noch zunehmenden Schrecken unüberwindlich angewachsen ist: mich nicht irre machen kann an der Fülle und Güte und Zugeneigtheit des Daseins.(R. M. Rilke Briefe, Bd. 2, S. 559)

리의, 더 정확히 말해서, 시인의 내면(內面)속에서, 그것들의 본질로 변용(變容)되어 보존되기를 기대하는 것이다. 그것은 시행(詩行) 36-37에서 '대지의 은밀한 간계'로 일컬어지는가 하면, 시행 71에서는 ─ 제1 비가의 30행에서 언급된 바와 유사하게 ─ '대지의 위탁'이라고도 명명(命名)된다.

그러한 시인의 사명에 관해 릴케는 폴란드의 독문학자이며 릴케 번역가인 비톨드 홀레비츠(Witold Hulewicz)에게 1925년 11월 13일자 편지에서 다음과 같이 설명하고 있다:

> 그렇소, 우리의 과제는 정녕 이 임시적이고 무너져가는 대지(大地)를 우리의 마음속에 아주 깊이, 아주 애태우며 열정적으로 각인하여 그녀의[즉 대지의] 본질이 우리 안에서 '보이지 않게' 다시 소생하도록 하게 하는 것이오. 우리는 보이지 않는 것의 꿀벌들이오. 우리는 보이는 것의 꿀을 미친 듯이 모아서 보이지 않는 것의 커다란 금빛 벌집에 축적하는 것이오.[11]

릴케는 제일차 세계 대전 전후에 거주지 파리를 떠나 있는 동안, 아파트에 남겨 두었던 그의 모든 소지품들이 밀린 집세로 인

---

11 Ja, unsere Aufgabe ist es, diese vorläufige, hinfällige Erde uns so tief, so leidend und leidenschaftlich einzuprägen, daß ihr Wesen in uns 'unsichtbar' wieder aufersteht. *Wir sind die Bienen des Unsichtbaren. Nous butinons éperdument le miel du visible, pour l'acumuler dans la grande ruche d'or de l'Invisible.* (Rilke Briefe, Bd. 3, S. 898)

해 차압을 당하고 경매 처리되어 상실되는 엄청난 시련을 겪었다. 그 당시에 그는 친구들, 특히 마리 탁시스 후작 부인의 도움을 받아 전전긍긍하며 살아가고 있었다. 많은 곤궁과 시련을 이겨내며 우리는 그래도 '인간적인 것'을 행해야 한다는 것은, 제이차 세계 대전이 끝난 후 1946년에 사르트르(Sartre)가 책 제목을 《실존주의는 인문주의이다 L'Existentialisme est un Humanisme》라고 한 것에서 드러나듯이, 실존주의적 책무였다. 시인은 이 지상에서 현존재인 그에게 '단 한번' 주어진 이 기회를 '대지(Erde)'를 찬미하는 데에 바치기로 결심한다.(시행 71이하) 시인의 이러한 국면은 당시 존경하던 앙드레 지드의 초기작《지상의 양식 Les Nourritures terrestres》(1897)을 떠올리게 한다. 물론 릴케의 경우에 '인간의 정신문화적 양식'이 훨씬 더 문제가 되는 것이다. 끝으로, 본 비가에 '저 세상'이나 '천국', 기독교적 '사죄(赦罪)', '은총(恩寵)'에 대한 언급이 결여되어 있다는 것에 대한 설명이다. 릴케가 1910년 가을에 카스너와 긴밀한 대화를 나누었을 때, 기독교에 있어서 아버지 하나님과 대속자(代贖者) 아들의 위치에 관하여 긴밀한 논의가 있었다는 것은 흥미롭다. 단지 우리가 여기서 진단할 수 있는 것은 릴케가 시행 23에서 '다른 차원(次元) andrer Bezug'을 언급한 것을 보면, '저 세상'을 전적으로 부정했다고는 볼 수 없고, 또 아버지의 나라나 '천사들'의 공간에 대해서 어느 정도의 공감(共感)이 있었던 것으로 추정된다. 더 나아가서, 시인 릴케가 주장하는 '인간적 행동'의 당위성과 기독교 교리 내에서의 '의(義)'를 위한 헌신은 여러 면에서 본질적으로는 유사하다고 판단된다.

제10 비가

본 비가는 마지막 비가로서, 첫 단락을 제외하고는, 1922년 "2월 11일 오후 6시에 펜을 내려놓았다고 릴케는 그의 연인 루 안드레아스-살로메(Lou Andreas-Salomé)에게 전하고 있다.[12] 원망법(願望法 Optativ)으로 진행되는 이 일련의 구절들은 《두이노의 비가》의 가장 감동적 부분으로서 닥틸루스(강약약 음절)로 흘러내리는 그 리듬은 — 베토벤 바이올린 협주곡의 카덴차에서와 같이 — 절제된 애잔함을 느끼게 한다.

"저 비통한 통찰의 출구에서" 이전 비가들에서 제기되었던 의문들에 어떤 결론을 추출해 내거나 또는 비탄에서 찬송으로의 이행을 확인하고자 한다면, 그것은 예술 작품의 범위를 뛰어넘는 일이 될 것이다. 첫 구절들의 원망법도 그 점을 잘 부각하고 있다. 하지만 시인이 많은 시련과 노력 끝에 '습득과 경험 과정의 종점'에 도착했다는 것은[13] 분명해 보이고, 궁극적으로는 '죽음의 나라'를 보다 적나라하게 — 특히 이집트의 고대 유적들[14]에 대한 기호학(記號學 Semiotik)적 독법(讀法)을 통해 — 시적 형상으로 묘사함으로써, 삶과 죽음을 함께 아우르는 '대존재(great Being)'의 의

---

12 Briefe, Bd. 3, S. 743쪽을 볼 것.

13 Rilke Werke, Kommentierte Ausgabe in vier Bänden, hrsg. Manfred Engel und Ulrich Fülleborn, Band 2(Wissenschaftlche Buchgesellschaft 1996), 687쪽을 볼 것.

14 릴케는 1910년 11월 25일부터 1911년 3월 25일까지 알제(Algier), 카르타고(Karthago), 튀니스(Tunis), 이슬람 성지 카이루안(Kairuan), 스핑크스와 피라미드가 있는 멤피스(Memphis) 등지를 관람했음.

미를 부각시키고 있다.

먼저, 지상에서 우리 삶의 현주소는 '고난의 도시'로 명명되고, 그것의 여러 단면들이 고찰된다. 요란한 광고판들 뒤에서 마음껏 유흥을 즐기고자 하는 무리들이 그들 나름대로 자유를 만끽하며 놀음을 통해 이익과 성적 쾌락을 추구하고 있다. 특히 마지막 광고판 뒤에서 사람들이 달콤한 안주에 '불사(不死)'라는 이름의 쓴 맥주를 마시며 시간을 보내고 있다. 그런데 그 광고판들 건너편에는 참다운 삶의 장면들 — 놀이에 정신이 빠진 아이들, 서로 감싸 안는 연인들, 서로 덮치며 희롱하는 개들 — 이 전개되고 있고, 이 구역을 지나면 타계(他界)가 된다.

사람이 지상의 삶에서 죽음의 나라로 이행하는 과정은 시간의 경과이지만, 시인은 그것을 '공간화(空間化)'하여 '죽은 젊은이'가 삶과 죽음의 중간 지대를 경험하며 죽음의 나라로 진입해 가는 과정에서 '비탄'이라는 죽은 여인의 안내를 받는 과정이 공간적으로 설명된다. 특히 그 '고뇌 국토'의 지형(地形)과 문물들은 시인 릴케의 이집트 여행에서 얻은 경험에 의존하고 있는 것이다.

끝으로, 이 비가는 총체적 시적(詩的) 이미지로 마지막 두 시연(詩聯)에서 저 하늘로부터 대지 위에 내리는 봄비를, 땅을 향해 늘어지는 개암나무의 무한(無限) 꽃차례를, 또 하락하는 행복의 이미지를 통하여 '대존재'의 일면 즉 모태(母胎)로의 귀환을 암시하고 있다. 릴케 자신은 카타리나 키펜베르그(Katharina Kippenberg)가 결론부에 어떤 '순환구조 Kreislauf'의 의미가 함축되어 있느냐는 질문에 그렇지 않다고 대답했다 한다. 이 문제에 대해 예술의 자율성을 옹호하는 그의 입장을 비문(碑文)에서 다음과 같이 잘 말해 주고 있다.

> 장미여, 순수한 모순이여,
> 그처럼 많은 꽃잎 눈꺼풀 밑에서
> 아무도 아닌 자의 잠이 되는 기쁨이여.
> Rose, oh reiner Widerspruch, Lust
> Niemandes Schlaf zu sein unter so viel
> Lidern. [15]

---

15 Rainer Maria Rilke, Duineser Elegien/Die Sonette an Orpheus, Mit Erläuterungen von Katharina Kippenberg(Zürich: Manesse Verlag, 1947).

《두이노의 비가》 미주

1. 원문 'von seinem stärkeren Dasein'에서 'Dasein 현존재 또는 현존(現存)'은 실존주의적 개념으로 '실존 Existenz'으로도 통용되는데, 릴케적 시학(詩學)에서는 천사들의 보다 본질적 즉 절대적으로 내면적인 가치에 기초한 존재방식을 가리키기 때문에, 그 앞에서 우리의 일상적 존재방식은 무력해진다는 의미.

2. 1923년 4월 12일자 마르곳 씨조-노리스-크루이(Margot Sizzo-Noris-Crouy) 백작 부인에게 보낸 편지 참조: "··· 누구든지 어느 때이건 간에 삶의 무서운 측면에 궁극적으로 단연코 동의하고, 정말이지 더 나아가, 기꺼이 환호하지 않는 이는, 우리 실존의 말로 다할 수 없는 저 풍요와 권력을 결코 소유할 수 없어요, 그는 가장자리에서만 걷고 있을 뿐이에요; 심판이 있는 날, 살았다고도 죽었다고도 할 수 없을 거예요. 외경(畏敬)과 지복함의 동일성을 보여주기 위하여 같은 신의 머리 위에 두 얼굴이 있는 것인데, 그것은 정말 단 하나의 얼굴로서, 우리가 그것으로부터 떨어져 있는 거리나 또는 우리가 그것을 감지하는 심적 상태에 따라, 이렇게도 저렇게도 보이는 것이죠······: 이것이 두 책['비가들'과 '오르페우스에 부치는 소네트']의 의의(意義)이고 목적이죠."

3. 16세기 밀라노(Milano) 귀족 여인으로서 콜랄티노 디 콜랄토(Collaltino di Collalto) 백작에게 품었던 그녀의 불행한 사랑에 대해 200여 편의 송가를 저술하였음.

4. 릴케가 1911년에 방문했던 베네치아의 성당인데, 벽에 걸린 석판들 중 하나에 라틴어로 다음과 같은 글귀가 적혀 있다: "나는 생명이 지속되고 있는 동안 다른 이들을 위해 살았다; 이제 사후(死後)에, /나는 멸망하지 않았고 대리석 안에서 나를 위해 산다. /나는 빌렘 헬레만스(Willem Hellemans)였다. 플랑드르가 나를 애도하고 있고, /아드리아(Adria)가 나를 위해 한숨 짓는다, 빈곤은 나를 부르고 있다. /1593년 10월 16일 사망."

5. 리노스(Linos)는 오르페우스처럼 많은 봄의 화신(化身)들 중의 하나로 매년 찾아오는 그의 계절적 죽음은 봄의 지나감과 부당하게 죽임을 당한 위대한 시인에 대한 애도로 추모되며 또한 오르페우스(Orpheus)를 연상시킴.

6. '토빗 Tobit 서(書)'에서 시인 릴케는 한 천사와 한 인간 사이의 다정한 교류의 가능성에 대한 전거(典據)를 찾고 있음; 주인공 토빗은 아들 토비아(Tobia)을 위해, ― 메디아(Media)에 거주하는 가바엘(Gabael)에게 맡겨 놓았던 은화 10탈렌트를 찾기 위해, 한 여행 동반자를 구해주는 과정에서, ― 천사 라파엘(Raphael)의 협력을 얻게 되는데, 염려에 찬 그의 아내 한나(Hanna)에게 다음과 같이 말하고 있음: "걱정 말아요, 배우자 누이, 그는 건강히 돌아올 것이고 그대의 눈은 그를 보게 될 것이오. 정녕 한 천사가 그를 동반하는 것이니, 그의 여행은 행복하게 마무리 되어 옥체를 보전한 채 귀환할 것이오." (5장 21-22절)

7. 원문에 '저들처럼 wie jene'은 삶의 슬기를 지녔던 고대인들을 지칭하는데, 그들은 그들의 벅찬 생활 감정을 조각상이나 화폭에 담아 완화하거나 또는 보다 고양된 감정은 신상(神像)들 속에 아로새겨 절제할 수 있었으나, 현대인들은 시대상의 변화로 이제는 더 이상 그렇게 할 수 없다는 의미.

8. 원문에 "신의 머리 Gotthaupt"는 그 앞뒤의 문맥상 '발기(勃起)된 음경'에 대한 은유로 이해될 수 있음.

9. 희랍의 신 포세이돈(Poseidon)에 상응하는 바다의 신(로마신화).

10. 이 압축적 표현은 풀어 쓰면 다음과 같다: '그가 어린아이로 자라나도록 해주었어요.'

11. 자궁 안에 있는 양수(羊水)로서 태아를 보호하고 그의 출생을 용이하게 함.

12. 원문에 "생명의 나무들 Bäume Lebens"(〈창세기〉 2, 9 참조)은 일차적으로 독일어의 '측백나무 Lebensbaum'를 연상시키지만, 시인 릴케는 환유적으로 '인간들'을 지칭하고 있고, 제3 비가가 1915년에 뮌헨에서 쓰여 졌음을 감안하면, 그가 그곳의 공원을 산책하며 낙엽이 지고 있는 나무들을 바라보며, 어떤 삶의 변화를 희구한 것이라고 사료됨; 다음 구절에서 그가 겨울이 오기를 소망하고 있는데,

그것은 '삶과 죽음의 공동체'를 믿었던 시인에게는 부정적 뜻을 함축하고 있는 것이 아님.

13. 이 인형에 관한 구절은 릴케가 감명 깊게 읽은 하인리히 폰 클라이스트 (Heinrich von Kleist 1777~1811) 의 대화체 수필《마리오네트 극장론 1810》의 영향을 받았는데, 인형의 두 가지 특징은 가식(假飾)이 없다는 것과 중력(重力)의 영향을 받지 않는다는 것이다. 이에 반해 앞에 나온 '무용수'는 배우로서 그의 소시민적 이권을 챙기며 결과적으로는 안팎이 다르다는 것이다.

14. 일곱 살의 나이에 죽은 릴케의 사촌 에곤 폰 릴케(Egon von Rilke 1873~1880)가 그의 본보기이다.

15. 헤르타 쾨니히 부인은 이 비가의 여러 소재에 동인을 준 피카소의 명화〈곡예사들의 가족 La famille des saltimbanques〉의 소유자로서 릴케에게 엄청난 편의를 제공하였다.

16. 지금은 미국의 수도 워싱턴의 국립 미술관(National Gallery of Art)에 소장되어 있는 그 그림을 보면, 서커스 가족은 6명으로 구성되어 있는데, 그중 다섯 명은 가장(家長)을 포함하여 5명으로서 완만하게 경사진 모래 언덕에 D자 형을 이루고 서 있고 오른쪽에는 꽃무늬 모자를 쓴 미모의 여인이 단정히 앉아 있다.

17. 작센(Sachsen) 주(州)의 선제후 '강자 프리드리히 아우구스트 Friedrich August 1세(1670~1733)는 손님들을 즐겁게 하기 위해 단 한 손으로 놋쇠 접시를 꾸부러뜨렸다고 한다.

18. 서커스 주위에 서 있는 구경꾼들.

19. 역도 선수로 명성을 날렸다함.

20. 원문의 "Subrisio Saltat"는 후에 "Subrisio Saltatorum"으로 시인에 의해 수정됨.

21. 이 시 연(詩聯)과 다음 시 연은, 지성이면 감천이라고, 많은 시행착오 끝에 완벽한 기량을 습득하는 과정을 은유(隱喩)로써 설명하고 있는데, 시인 릴케의 프랑스 어 산문시〈곡예사들 Saltimbanques〉의 제4 연은 이 시 연들에 대한 합당한

보충 설명이 된다: "Quelle perfection. Si c'était dans l'âme, quels saints vous feriez! —C'est dans l'âme, mais ils ne la touchent que par hasard, dans les rares moments d'une imperceptible maladresse. 대단한 완벽이다. 그것이 영혼 속에 깃들어 있다면, 그대들은 성자가 될 것이네! —그것은 영혼 속에 있는 것이지만, 그것은 감지되지 않는 여러 서투름의 드문 순간들 속에서만 그저 우연히 획득되는 것이네."

22. 원문의 "Madame Lamort"에서 'Lamort'는 'La mort 죽음'을 뜻함.

23. 원문의 "dorten 거기"는 'dort'의 고어체로서 오스트리아 지방에서는 아직도 사용되고 있음; 그러한 언어 구사에 있어 릴케의 전통 의식이 엿보임.

24. 희랍 신화에서 제우스신이 백조로 변하여 스파르타의 왕 틴다레우스(Tindareus)의 부인인 레다(Leda)를 품에 안았고, 그 결과로 레다는 제우스에게 두 필멸의 자식, 카스토르(Castor)와 클리템네스트라(Clytemnestra, 아가멤논의 부인)를 낳았다; 릴케는 로댕(Rodin)에게 바친《신(新)시집 Neue Gedichte》에 포함된 소네트〈Leda 레다〉의 마지막 연에서 마지막 장면을 다음과 같이 표현하고 있다.: "(…) 그는 올라타고서/점점 힘을 잃어가는 팔로 포옹하며/신은 애인 속에 푹 빠져 들어갔다./다음 그는 그의 깃털이 얼마나 행복한 것인가를 느끼며/실제로 그녀의 품속에서 백조가 되었다."

25. 릴케는 1911년 1월 중순 이집트의 나일강 상류 지역에 위치한 카르나크 유적지 구내의 유물들을 이틀간 방문하고 감탄을 금치 못했는데, 19-20 시행의 "부드럽게 돋을새김 한 벽화"들은 아몬(Ammon) 신전의 부조(浮彫)된 벽화들을 말하고, 거기에는 전차들을 몰고 전투 속으로 돌진하는 이집트 왕들의 모습들이 아로새겨져 있다고 한다.

26. 영웅은 어느 신격화된 성좌로 탈바꿈하여 안주하지 않는다는 뜻.

27. 삼손의 어머니는 그를 낳기 전 오랫동안 불임(不姙) 상태였음(〈사사기〉 13, 2-24.).

28. 엄습하는 동경으로 인해 몸 둘 바를 모를 것이라는 것.

29. 미소를 짓고 눈물을 흘리는 것은 인간이 성장하면서 배우는 단계인데, 영웅

은 이 단계를 진작 뛰어넘었다는 뜻.

30. 원문의 '고지(告知)의 음향 den Ton Verkündigung'이라는 명사구에서 뚜렷한 강세는 '음향 Ton'에 맞추어져 있고 '고지'나 '통고'의 뜻을 가진 'Verkündigung'은 수식어 역할을 하는데, 역자는 봄철의 '새들의 지저귐'을 단순한 '구애'를 넘어 '자기 존재를 알리기'로 넓게 이해하였음.

31. 종달새의 지지배배 하는 고저음(高低音)을 연상시킴.

32. 예술적 창조가 아니라 '공학적(工學的) 구조'를 암시함.

33. 원문의 '낭비 Verschwendung'는 고대인들이 신전들을 지을 때 몸과 마음을 아낌없이 다 바쳐 기울인 노력들을 지칭함.

34. 우리 인간들이 이룩해 놓은 업적에 시인도 놀라고, 신과 인간 사이의 중재자인 천사도 놀라고, 그런 공감대 위에서 천사는 여기서 '위대한 자'란 칭호를 얻고 있음.

35. 독일의 쾰른(Köln) 성당의 첨탑의 위용을 연상시킴.

36. 원문에 "출발로 차 있다 voll von Hinweg"에서 명사 "Hinweg"는 여행의 경우 '가는 길'의 의미로서 '일정한 방향이나 목표를 정하여 나아감'을 뜻하나, 독일어 단어의 악센트를 뒤로 붙이면, '저리 가라 away'의 뜻이 되기 때문에, 서정적 화자(話者)는 그의 진로에 대한 강한 의식과 동시에 방해물에 대한 거부감을 표현하고 있다고 사료됨; 또한 '차 있다'라는 술부는 '어떤 목표'를 향한 동경(憧憬)을 시사(示唆)함.

37. 릴케에게 많은 영향을 준 문화 철학적 저술가이며 수필가(1873~1959).

38. 우리의 시선은 동물들의 겉모양만을 파악하고, 그들이 속해 있는 '열린 공간'의 자유로움을 보지 못한다는 것을 은유적으로 표현한 것.

39. 원문의 '어디에도 …없다 Nirgends'는 부사인데, 시인은 그것을 명사화해서 사용하고 있는데, 희랍어 ou(아니다) + topos(장소)에서 착안하여 'utopia 이상향'을 시사(示唆)함.

《두이노의 비가》 미주

40. 원문의 'Wandel'은 '보행(步行)'의 뜻 외에 '변화'의 뜻이 더 강하기 때문에 시구(詩句)의 맥락은 동물이 우리의 시선을 자기 식으로 변화시킨다는 것의 의미가 함축되어 있음.

41. 원문의 '경계심으로 열띤 wachsam warm'은 더운 피를 가진 포유동물이 모태에서의 안전과 대비되는 바깥 세계의 위험에 그 나름대로 대처하는 자세를 암시함.

42. 찬피 동물 즉 곤충들을 가리키며, 그들은 보통 알에서 직접 대기 속으로 태어나는 것을 가리킴.

43. 새의 경우는 위에서 언급된 '포유동물'과 '곤충' 사이에서 중간 위치를 차지하며, 세상 안에 있는 알에서 태어난 새는 '어미의 품'과 바깥세상 양쪽을 다 알고 있다는 의미로 이해됨.

44. 에트루리아 인들의 석관(石棺)들 위에는 죽은 자의 초상화가 놓여 있어, 사자(死者)는 관의 안과 바깥에 공존한다는 것을 암시함.

45. 원문의 '저녁의 도자기 Porzellan des Abends'는 극히 은유적 어법으로 '도자기처럼 짜개지는 소리를 내는 저녁 하늘'을 전구법(轉句法 hypallage)으로 표현한 것임.

46. 오비디우스(Ovid)가 쓴 작품에 나오는 숲의 요정 다프네(Daphne)는 자기의 독립생활을 선호한 나머지 구애하는 아폴론(Apollo)에게 쫓기어 월계수가 됨; 5행에서 언급되는 '숙명'을 피한 경우와 유사함.

47. 시인의 시각에서 '지상에 존재한다는 것'은 척도로 잴 수 없는 가치가 있는 것이기에 '많음'으로 표현됨.

48. '문지방'은 시인의 내면에서 '대지'의 위촉을 받아 시(詩)적 소재가 됨.

49. 릴케는 시작(詩作)을, 로댕(Rodin)의 영향을 받아, 일종의 '장인(丈人) 기술 métier'로 사물의 본질을 들어내는 것으로 간주함.

50. 원문의 해당 시 연(詩聯)에서 "물체, 사물 Ding"로 표현되고 있는 것은 거의

의인화(擬人化)되어 있다고 사료됨.

51. 원문의 "과잉의 überzählig"는 '숫자로 헤아릴 수 없는', '초(超) 시간적인' 뜻이 함축되어 있음; 본 비가의 11행 참조.

52. 원문에 기원(祈願)법으로 되어 있는 명사절들을 역자는 감탄문으로 처리하였음.

53. 마음속의 계절들을 지칭함.

54. 어떤 상거래(商去來)를 통하여 구입하여 당장 사용할 수 있도록 내부가 잘 설비(設備)된 교회이나 신도들의 참된 필요에는 부응(副應)하지 못하여 실망을 안겨준다는 의미로 간주됨.

55. 원문 구성은 파격적 어법(anacoluthon): "die Krche ,[die]enttäuscht wie ein Postamt am Sonntag."

56. 피라미드 앞에 서 있는 석실(石室) 분묘(墳墓)로 '매스타바 mastaba'로 불리어짐.

57. 성좌(星座) '천칭궁 Libra'을 뜻함.

58. 원문의 "Pschent-Rand"에서 그 'Pschent 프스켄트'는 고대 이집트어 'pasechemiti'를 희랍어로 고쳐 쓴 것으로 '고저(高低) 이집트'를 뜻하는 이중 왕관을 의미하는데, 여기서는 스핑크스가 쓰고 있는 왕관 같은 두건을 지칭함.

59. 시각(視覺)과 청각(聽覺)을 갖춘 공감각(共感覺)을 지칭함.

60. 한국 유행가의 한 구절 "남쪽나라 십자성은 어머님 얼굴"을 연상시킴.

61. 원문의 'Klage'는 여성 명사로 자연스럽게 '비탄하는 여인'을 뜻하며, 이를 수사학에서는 '장식적 별칭 epitheton ornans'이라 칭함.

62. 참조 〈요한복음〉 3. 8: "바람이 임의로 불매 네가 그 소리를 들어도 어디서 오며 어디로 가는지 알지 못하나니 성령으로 난 사람은 다 이러하니라."

63. '선함'을 뜻하는 헤브라이어 'Toniyahu'로부터 음역된 희랍어 $\tau\omega\beta\iota\alpha\sigma$(Tobias)

에서 유래.

64. 원문: "Was mich angeht, so hab ich noch immer nicht die Wende geleistet, die mein Leben machen muß, um aufs Neue ergiebig oder gar gut zu sein."(Rainer Maria Rilke Briefe, Insel 1987, hrsg. Rilke—Archiv in Weimar in Verbindung mit Ruth Sieber—Rilke, besorgt durch Karl Altheim, Erster Band, S. 286)

65. Rainer Maria Rilke. Bd. 2, 618쪽, Werke: Kommentierte Ausgabe in vier Bänden, hrsg. Manfred Engel, Ulrich Fülleborn, Horst Nalewski, August Stahl(Frankfurt a.M.: Insel, 1996).

66. Rainer Maria Rilke und Rudolf Kassner Freunde im Gespräch. Briefe und Dokumente, hrsg. Klaus E. Bohnenkamp(Insel 1997), 8쪽을 볼 것.

67. 같은 책, 7쪽을 볼 것.

68. 같은 책, 11쪽 이하를 볼 것; 특히, 릴케는 사회적 지위에서 몰락한 소(小)귀족 가정의 독자로 외롭게 자라났지만, 카스너는 부유한 집안의 열 자식 중 일곱 번째로 안정되게 자라났음.

69. 같은 책, 39쪽을 볼 것.

70. Rilke, S.W. Bd. VI, 676 쪽.

71. 해당 편지, Maurice Betz, Rilke in Frankreich: Erinnerungen Briefe Dokumente, Wien/Leipzig/Zürich 1937.

72. 원문: "Ihr Hochzeitstag sei mir ein Anlaß, mich zu prüfen. Und da bekenne ich denn, liebe Gräfin, daß ich das Leben für ein Ding von der unantastbaren Köstlichkeit halte, und daß die Verknotung so vieler Verhängnisse und Entsetzlichkeiten, die Preisgebung so zahlloser Schicksale, alles, was uns diese letzten Jahre zu einem immer noch zunehmenden Schrecken unüberwindlich angewachsen ist: mich nicht irre machen kann an der Fülle und Güte und Zugeneigtheit des Daseins."(R. M. Rilke Briefe, Bd. 2, S. 559)

73. 원문: "Ja, unsere Aufgabe ist es, diese vorläufige, hinfällige Erde uns so tief, so leidend und leidenschaftlich einzuprägen, daß ihr Wesen in uns 'unsichtbar' wieder aufersteht. Wir sind die Bienen des Unsichtbaren. Nous butinons éperdument le miel du visible, pour l'acumuler dans la grande ruche d'or de l'Invisible."(Rilke Briefe, Bd. 3, S. 898)

74. Briefe, Bd. 3, S. 743쪽을 볼 것.

75. Rilke Werke, Kommentierte Ausgabe in vier Bänden, hrsg. Manfred Engel und Ulrich Fülleborn, Band 2(Wissenschaftlche Buchgesellschaft 1996), 687쪽을 볼 것.

76. Rainer Maria Rilke, Duineser Elegien/Die Sonette an Orpheus, Mit Erläuterungen von Katharina Kippenberg(Zürich: Manesse Verlag, 1947).

《오르페우스에 부치는 소네트》 해설

염승섭

《두이노의 비가》와 《오르페우스에 부치는 소네트》는 여러 가지 면에서 밀접한 관계가 있다. 1922년 2월 '비가들'의 완성 전후로 '소네트들'이 쓰여 졌다고 하는데, 그 관계를 주의 깊게 살펴보면, 일종의 변증법적 순서가 눈에 띤다. 비가들이 완성되기 전에 소네트들의 전반부가 먼저 쓰여 져야 했고, 반대로 비가들이 완성되고 나서야 소네트들의 후반부가 쓰여 질 수 있었다. 비가들은 그 나름대로의 순서와 논리를 갖추고 있다. 그와는 달리 소네트들은, 장기간에 걸친 '비가들'의 생성 과정에 비해 볼 때, 전체가 거의 같은 시기에 완성되었다고 볼 수 있고, 그 주제들이 서로 어떤 인과 관계를 지니고 있다기보다는 '비가들'의 주제들과 개별적으로 연관되어 있다. 그 밖에, '비가들'에서 천사가 신의 대역자로 등장하고 있다면, '소네트들'에서는 반신반인(半神半人)인 오르페우스[16]가 그 역할을 담당하고 있다. 1925년 11월 13일자로

---

16 오르페우스는 트라키아(Thracia)의 왕 오이아그로스(Oeagros)와 뮤즈 칼리오페(Muse Kalliope)의 아들이다. 위대한 칠현금 연주가가 되어, 야생 동물들은

비톨드 홀레비츠에게 보낸 유명한 편지[17]에서 '보이지 않는 것으로의 변용'과 시인의 사명에 관해 다음과 같이 설명하고 있다.

> 그 비가들의 천사는 보이지 않는 것 속에서 더 높은 차원의 실제(Realität)를 인정하기 위해 존재하는 그런 본질이요. […] 우주의 모든 세계들은 다음 단계의 보다 심오한 단계인 보이지 않는 것 속으로 빠져 들어가는 것이에요. […] 다시 한 번 강조하건대, 우리는 그 비가들의 맥락에서 이 대지의 변용자이고, 우리의 온 현존재, 우리의 사랑의 비상(飛翔)과 돌진, 그 모두는 우리로 하여금 이 과업 ─ 그 외에는 다른 것이 있지 않은바 ─ 을 달성하게 해주어요. (여기 어느 타계한 소녀의 이름을 기리어 출판되고 있는 그런 저술 활동의 세목들을 그 소네트들은 보여주고 있는 것이에요.) […] 그 비가들과 소네트들은 서로서로를 끊임없이 떠받치고 있어요.

릴케는 1923년 4월 12일 자 마르고트 싯조-노리스-크루이 백

말할 것도 없고 나무들과 바위들도 감동시켰고, 흐르는 물까지도 멈추어 세웠다고 한다. 그는 에우리디케(Eurydice)를 아내로 맞이했으나, 그녀가 얼마 안 있어 뱀에 물려 저승으로 가자, 자신의 음악 연주의 힘을 빌려 그녀를 다시 인간 세계로 데려오고자 했으나 실패했다. 그 후 그는 주신(酒神) 바쿠스(Bacchus)의 추종 여인들(bacchantes)에 의해 사지가 찢기어 죽임을 당했다고 한다. 그러한 연유로 중세부터 르네상스에 이르기까지 오르페우스는 그리스도의 수난과 비교되며 연극과 시작(詩作)의 소재로서 문화사적 토포스(topos)가 된다.

17 《두이노의 비가》의 주석 66을 참조.

작 부인(Gräfin Margot Sizzo-Norris-Crouy)에게 보낸 장문의 편지에서 그녀의 고통을 감내해 내는 대범한 자세에 경의를 표하고 난 다음, 베라 크노프에 대해 자상하게 언급한다. 그가 18~9세의 나이로 요절한 소녀를, 그녀가 어렸을 때, 오직 서너 차례밖에 보지를 못했지만, 그녀는 이미 그의 각별한 주목을 끌었다고 화두(話頭)를 꺼내며, 다음과 같이 그녀의 예술적 존재 가치를 평가한다.

> 그 아름다운 소녀는, 춤을 추기 시작하자마자 그 당시 그녀를 바라보았던 모든 이들 가운데서 그녀의 몸매와 정서에 내재한 율동과 변용의 예술을 통해 센세이션을 일으켰어요. 그런데 [어느 날] 그녀는 느닷없이 어머니에게 선언했다고 해요, — 즉 그녀는 더는 춤을 출 수도 없고 또 그러고 싶지도 않다고요. (그것은 그녀의 유년 시절이 막 끝나갈 때였어요.) 그녀의 신체는 이상야릇하게 변해버렸고, 그녀는, 아름다운 슬라브 티의 몸매를 유지하면서도, 그냥 육중하게 되었어요. (그것은 벌써 갑상선 병의 초기단계였는데, 그 다음 급속도로 사망을 초래하게 되었던 것이죠.) … 그녀에게 남아 있었던 시간에 그녀는 음악에 몰두하였고, 마지막에는 그림이라도 그렸죠, — 그것은 마치 체념했던 춤이 그녀로부터 아직은 점점 더 가만히, 점점 더 은은하게 흘러나오는 듯했어요…[18]

무용가 베라가 그녀의 예술적 표현을 통해 시인에게 어떤 영

---

18 Rilke Briefe, Bd. 3, 829쪽 이하.

감을 불어넣었다면, 그의 등 뒤에는 예술을 고취하는 신적(神的) 존재인 오르페우스가 있었다. 오르페우스가 시인에게 '노래'의 재능을 부여하였다면, 그는 천부적(天賦的) 고지자(告知者)인 시인에 의해 칭송의 대상이 되었고, 시인은 이제 오르페우스의 공공연하면서도 은밀한 영향력에 관해 노래하고 있다. 그런 의미에서 '소네트들'은 자연과 현실에 대한 '송가(頌歌)'들로 이해된다.

이러한 사연과 더불어, '노래(Gesang)'로 대변되는 예술은 '현존재(Dasein)'라는 테제가 성립된다. 당시 릴케 후기 시들의 편집자로서 시인과 밀접한 교감을 지녔던 카타리나 키펜베르크(Katharina Kippenberg)는 그 연관성을 다음과 같이 서술하고 있다.

> 오르페우스에게 노래는 현존재라고 어느 소네트에 적혀 있어요. 그런데 그 의미는 그가 예술에서 사명을 발견하고 있다는 것이에요. 마찬가지로 이것이 의미하는 것은 그가 도처의 현존재에서 노래를 발견하고 감지(感知)하는데, 그것은 바로 신적인 질서, 조화, 보다 높은 차원에서의 갈등의 해소이며, 궁극적으로는 기쁨이 되며, 더 나아가, 숙명과 창조된 세계에 대한 동의(同意)가 되는 것이에요. 인간적 정신에서 솟아오른 신을 그렇게 찬양함으로써 시인은 인간 자체를 격상하는 것이고, 따라서 우리는 그의 고유한 삶의 지고한 노력이 무엇이었나를 동시에 경험하게 되는 것이에요.[19]

---

19 Rainer Maria Rilke, Duineser Elegien/Die Sonette an Orpheus, Mit Erläuterungen von Katharina Kippenberg(Zürich: Manesse Verlag, 1951), 260쪽.

끝으로, 이 소네트들의 형식에 대해서 언급하자면, 릴케는 그의 필요에 맞게 전통적 형식을 여러 면에서 변형하고 있다. 소네트의 가장 현저한 특징인 두 개의 4 시행(詩行) 연(聯)들과 그 뒤를 잇는 두 개의 3 시행 연들로 된 구조는 철저히 지켜진다. 그러나 각 시행의 음보(律脚 foot)의 수는 일정하지 않고, 또 각 쌍을 이루는 운(韻)들도 가능한 범위 내에서만 맞추어져 있다. 릴케는 1919년 3월 24일 이르멜라 린베르크(Irmela Linberg)에게 보낸 편지에서 그가 그 당시 고대 이탈리아어 소네트에 매료되고 있는데, 그 엄격하고 포용적인 시형식이 독일어 사용자들에게도 언젠가 유익할 것이라는 희망을 피력하였다.[20] 그리고 1922년 2월을 전후에 그의 소망은 꽃을 피웠던 것이다.

---

20 Rainer Maria Rilke Werke, Kommentierte Ausgabe, Werke 2, 709쪽 참조.

《오르페우스에게 부치는 소네트》 제1부 해설

I. 2행, 오 귓속에 울리는 드높은 나무여!:
릴케의 두 후기 작품에서 시각(視覺)과 청각(聽覺)이 서로 교차하며 함께 작용하는 '공감각(共感覺 synaesthesia)' 현상은 제10 비가의 70행과 84행에서도 각각 청각을 시각으로 – "울음의 형상" – 또 시각을 청각으로 – "사자 청각"에 아로새겨지는 비상(飛翔)의 곡선 – 환치(換置)하고 있다. 오르페우스의 칠현금 연주와 노래를 숲속의 짐승들은 경청하고 있다. 짐승들은 그의 음악을 통해 자신들의 변용된 내면에서 청각을 통해서도 여러 가지 형상을 본다. 그리하여 짐승들은 또한 자신들의 쉴 곳이나 은둔처가 '움막'이 아니라 '신전'으로 승격되어 있음을 감지한다.

I. 14행, 그대는:
원문의 'du 너, 그대'는 독일어 대화에 있어 친근한 호칭(互稱)인데, 시인은 그의 스승 격인 오르페우스에게 그렇게 말을 건네는 가운데, 그의 시가 '송가(頌歌)'의 성격을 띠기 시작함; 한 걸음 더 나아가 오르페우스는 아폴론에게서 칠현금을 배웠다고도 전해짐.

II. 1행, 거의 한 소녀가 되어:
이 구는 본 소네트의 맨 앞과 맨 끝에 위치하여 변용된 공간을 감싸고 있다. 시인이 듣고 있는 오르페우스의 '노래와 칠현금'의 음향으로부터 거의 한 소녀의 모습이 탄생한다. 괴테의 《파우스트》에서 주인공의 면전에, 그의 상상력을 통하여 헬레나(Helena)의 모습이 나타나듯이, 환영이 나타난다. 시인은 '자고 있는 소녀'의 환영과 일심동체가 되어 숲속의 모든 경험을 되살린다. 하지만 그녀의 죽음은 어디로 간 것일까? 그 '소녀 같은 형상'은 잠을 즐길 뿐 시인의 시(詩) 속에서 다시 태어나는 것이다.

III. 2행, 그 사람의 감각:
원문 'Sein Sinn 그의 감각은'에서 '그의'는 바로 위의 행의 '한 남자'를 가리키므로 오르페우스와의 혼동을 피하기 위해 '그'는 '그 사람'으로 대치하였음.

13행, 진실 속에서 노래함은:
1912년 11월 17일 마리 탁시스 후작 부인에게 한 편지에 다음과 같이 술회하고 있다: "음악에서 정말 중요한 것은 어떤 들을 만한 것만이 아니죠. 즉 어떤 것은 진실됨이 없이도 듣기에 아름다울 수가 있죠; 제게 무엇보다도 중요한 것은 모든 예술에 있어서 그들의 운치(韻致) 또는 소위 '아름답다고' 하는 것이 아니고, 가장 심오하고 내밀한 근거 즉 파묻혀 있는 실재라는 것이죠, 이것은 즉시 미(美)로서 감지되지는 않지만 그런 외양을 불러일으킬 수 있는 것이에요."

IV. 1행, 너희 다정한 이들:
〈비가들〉에 등장하는 사랑하는 여인들 참조; 그들이 모든 역경을 잘 이겨내기를 바라는 시인의 기원(祈願).

V. 6행: 그는 왔다가 간다:
14행에서와 같이 칠현금의 신 오르페우스도 '운명의 법칙'을 준수한다는 것과 인생의 진정한 의의(意義)는 길이가 아니라 질(質)에 있다는 뜻.

VI. 4행, 꽃버들의 가지를 휘게:
버들나무들은 예로부터 슬픔을 상징하여 그 이미지가 시에 자주 등장하는데, 여기서는 '꽃버들'이 그것을 재료로 만들어진 '칠현금'을 은유함.

10행, 양귀비와 루타 약초:
이 약초들은 불태워 연기가 나게 되면, 혼령을 불러 오는 데 효험이 있었다고 함.

11행: 명약관화한 관계:
인간관계가, 부모 자식 간이든, 형제자매 간이든, 친구들 간이든, 또 특히 연인들 간이든, 물질적 이해관계가 아니라, 마음속에서 우러나는 관계일 때 가장 명료하다는 뜻.

VII. 8행, 그의 감수성 있는 남방:

원문 'in seinem fühlenden Süden 그의 느끼는 남방에서'; 즉 '삶의 기쁨 la joie de vivre'을 만끽하는 '감각적 남방(南方)'을 뜻함.

11행, 신들에게서 내리는 운명의 그림자:

신들은 인간들이 처해 있는 현실을 직시한다는 뜻; 릴케는 1911년 이집트 여행 때 얼마 전에 발굴된 이집트 왕들의 현실(玄室)들을 참관하였는데, 있는 그대로의 부패된 시체들을 유심히 관찰했다고 함. (필자도 삼십여 년 전에 경주의 왕릉 지하 전시관에서 종잇장같이 말라붙어 미라같이 되어 있는 형체를 보고 죽음 너머에 존재하는 모습에 강한 인상을 받았음.)

소네트 1, 7, 8, 9는 각별히 '찬미 rühmen'의 주제를 다루고 있음.

VIII. 1-2, 저 눈물로 된 샘물의/ 요정인 비탄:

제10 비가에서 다루어졌던 '비탄'의 주제가 본 소네트에서는, 아주 다른 모습으로 (오비디우스의 소재에 따라) 등장하는데, 그녀의 구체적 모습은 이미 《말테의 수기》의 후반부에 다음과 같이 실려 있다: "그들[연인들]의 전설은 카우노스(Kaunos)[쌍둥이 오빠]를 리키아(Lykia) 지방까지 추적하는 비블리스(Byblis)의 이야기다. 그녀는 마음의 충동 때문에 그의 족적을 따라 그 지방을 휘젓고 다녔는데, 마지막에 가서 그녀의 기력이 다했다. 하지만 그녀에게 품성의 동요(動搖)가 너무나 강렬하여서, 그녀는 쓰러지면서 급한 샘물로 돌진하여 죽음의 저편에서 샘물로 다시 나타났다."

IX. 1-2행, 혼령들 가운데서 칠현금을:

오르페우스는 지하 세계로 내려가 혼령들 사이에서 노래를 불렀음.

5-6행, 그들의 영약인/ 양귀비 열매:

그것은 아편 유형의 양귀비(Schlafmohn) 추출 수면제로 수면(睡眠), 망각, 죽음과 연관되고, 그 이미지는 I,2 소네트에서 잘 다루어져 있다. 더 나아가 오르페우스의 저승 방문을 떠올리게 함.

X. 1-2행, 너희, 고대 석관들에게:

이들은 고대 로마 도시들의 분수(噴水)의 수반(水盤) 또는 수도관으로 사용되었다고 함.

5-6행, 목동의/눈처럼 활짝 열린 저 관들:
프랑스 남부 아를르 시(Arles) 근처의 작은 가로수길 알리스깡(Alyscamps)은 골—로마 시대의 공동묘지 석관(石棺)들로 유명한데, 릴케의 주해에 의하면, 로마의 석관들과는 달리 알리스깡의 석관들로부터는 꽃들이 피어난다고 함.

XII. 1행, 우리를 결합시켜 줄법한 정신:
오르페우스가 구체화하는 시(詩)의 정신은 우리 마음속의 분열(分列)을 극복하는 데에 도움을 주고 있음을 시사(示唆)함.

7행, 안테나는 안테나를 감지하고:
릴케는 1922년 1월에 게르트루드 우카마 크노프(Gertrud Ouckama Knoop)에게 보낸 서신에서 다음과 같이 말했다고 함: "오, 얼마나 그녀[베라]가 사랑했는지, 얼마나 그녀가 그녀 마음의 안테나를 가지고 여기서 이해되고 포용될 수 있는 것을 이룩하고자 노력했겠어요…"

9행, 힘들의 음악:
우주의 음악이 항성 간의 조화를 이룩하듯이, 지상의 여러 형태의 음악 —시와 무용을 포함하여 — 이 여러 상충되는 이해관계를 해결하는 데에 도움을 줄 수 있을 것이라는 희망이 표현되고 있음.

소네트 XIII, XIV, XV, 이 세 소네트는 과일을 대상으로 하고 있어, 세잔(Cézanne)의 '과일 정물(靜物)'을 연상시킨다. 릴케는 1902년부터 파리로 이주하여 로댕의 비서 역할을 하며 조형미술에 대해 깊은 관심을 가진 영향이 그의 《신시집》과 《말테의 수기》에도 많이 나타난다. 그는, 특히 조각의 경우, 예술가가 그의 촉각을 통해 자기의 재료를 직접 다루며 사물에 익숙해 있지만, 시인은 그의 시적 대상을 다룸에 있어 시각(視覺)에 의존하기 때문에, 소재(素材)로부터의 영향을 강하게 받는다는 것이다. 릴케는 예민한 감수성을 지니고 태어나, 그의 환경에 민감했고, 그가 겪는 정신적 내지 신체적 반응을 주시했다. 지금까지의 그의 시들에서 그 시각과 청각을 아우르는 공감각적 표현이 가끔 등장하였다면, 1914년 6월 26일자로 루 안드레아스 살로메에게 보낸 편지에서, 그의 촉각과 미각(味覺)을 내

세우는 다음 구절들은 흥미롭다: "내가 아침 공기를 들이마셨는데, 그것이 내 몸속에 두루두루 스며들었고, 나의 체질의 모든 단계에서 경쾌함과 참신함이 느껴졌어요; 그러한 때 내가 과일을 입에 넣고 맛을 볼라치면, 그것은 내 혓바닥에서 녹아버렸고, 그것은 정말 정신의 한 단어가 분해하는 것 같았어요; 혀에 불멸로 남은 것의 경험, 혀의 진솔한 향락이 나의 신체의 모든 가시(可視)적이고 불가시적인 맥관(脈管)들에서 곧 솟구쳐 올라왔어요." 그 당시 삶의 여러 문제들에 시달리고, 자주 행한 여행들에서 오는 피로감이 누적되어 그것을 조금이나마 해소하기 위한 방편으로 과일을 즐겨 섭취했던 것 같다. 그런 점에서, 그가 마리 탁시스 후작 부인의 주선으로 잘 알고 지내던 시인 폴 발레리(Paul Valéry)의 시이며 그가 번역한 〈해변가의 공동묘지 Le Cimetiére Marin〉의 다음 구절은 매우 흥미롭다:

Comme le fruit se fond en jouissance,
Comme en délice il change son absence
Dans une bouche où sa forme se meurt.

그 과일이 즐김으로 녹아내리다니,
그것의 없어짐이 쾌락으로 바뀌다니,
그것의 형체가 죽어버리는 입 안에서 말이네….

XV. 4행, 경험 있는 과일의 취향을 춤추어라!

원문의 'erfahrene Frucht'는 '과일'의 입장에서 '경험이 있는' 또는 그것을 먹는 이의 입장에서 '경험해 본, 맛을 본'의 의미로 이해 될 수 있음; 시인은 공감각적 상상력 속에서 서정적 자아로 하여금 '소녀들'에게 '오렌지' 춤을 출 것을 권유한다. 그 과정은 먼저 미각(味覺)적인 것을 시각(視覺)적인 것으로, 그 다음 그것이 다시 강약약의 닥틸루스와 강약의 트로케우스 음보를 통하여 댄스 리듬을 자아내며, 청각(聽覺)적인 것으로 전환하여 시행(詩行)들이 진행한다. 즉 예로 든 원문은 다음과 같은 율격 구조를 보인다: /tanzt den Ge/schmack der er/fahrenen/ Frucht/ | |/강약약/강약약/강약약/강!/ (쿵작작 쿵작작 쿵작작 쿵!)

XVI. 1행, 나의 친구:

릴케는 이 소네트가 그리 쉽게 이해될 것 같지 않다는 느낌을 가졌기 때문에 기회가 있을 때마다 시의 주인공이 개라는 사실을 밝히곤 했다.

7-8행, 너는 죽은 자들을 알고,/ 너는 마법의 주문 앞에서 움찔한다.
《말테의 수기》에 다음과 같은 장면이 있다: "까발리에(Cavalier 개)가, 늘 그렇게 했듯이, 식탁 밑에서부터 쏜살같이 뛰쳐나와 그녀를 만나기 위해 달렸다. 나는 그것을 보았네, 말테, 나는 그것을 보았네. 그것은, 그녀가 오고 있는 것이 아니었지만, 그녀를 향해 달려갔네. 그에게는 그녀가 오고 있었거든."

13행, 나의 주인:
오르페우스를 지칭함.

14행, 모피를 입은 에서:
〈창세기〉 27장에서 야곱은 그의 형 에서(Esau)에게서, 첫 번째에는, 장자(長者)의 권리를, 두 번째에는, 에서의 모피 복장을 모방하여 아버지 이삭의 눈을 속임으로써, '축복'의 권리를 에서로부터 빼앗아갔음; 본 소네트에서 개는 '가식(假飾)없는 개'임을 강조; 더 나아가서, 개는 인간과 보통 동물 사이에서 어중간한 위치를 점하고 있는데, 그것은 현대사회에서 예술가가 처해 있는 위치와 비교가 될 수 있음을 시사(示唆)함.

XIX. 7행, 원(元)-노래:
원문의 'Vor-Gesang'은 태곳적부터 내려오는, 영구한 노래를 뜻함.

XX. 1행, 주여:
기독교에서는 하느님이나 예수를 일컫지만, 여기서는 시인의 스승 '예술의 신'인 오르페우스를 지칭함; 그는 특히 청각을 통해 음악으로 만물을 감화시켰음. 루 안드레아스-살로메는, 이 소네트의 배경이 되는 일화를 여행 일지(日誌)에 다음과 같이 적고 있다:

우리가 볼가강 가에 서 있는데, 조용한 저녁 공기를 가르며 말울음 소리가 진동하더니, 장난기 어린 조랑말이 일과를 끝마치고 나서, 아주 빠른 걸음으로 저 멀리 대초원 어디쯤에 밤새 머물러 있던 가축 떼를 향해 가고 있었다. 우리는 이따금씩 저 멀리서 목동들의 모닥불이 맑은 밤하늘에 피어오르는 것을 보았다. 얼마 후에 두 번째 조랑말이 어디서 불쑥 나타나더니 더 힘겹게 뒤에서 따라오고 있었다: 그들은 그 말이 밀밭에 거칠게 뛰어들지 못하도록 한쪽 다리에 목제방해물을 매달아 놓았었던 것이다.

XXI. 이 소네트는 먼저 이 자리에 있던 소네트를 대체한 것인데, 릴케는 다음과 같은 주석을 남겨 놓았다:

이 소품 '봄의 노래'는 마치 내가 언젠가 들은 어떤 기막힌 춤곡의 '해석'인 것같이 생각된다. 나는 남부 스페인 론다(Ronda) 시에 있는 어느 작은 교회의 아침 미사 때 수도원 아이들이 노래를 부르는 것을 들었다. 그 애들은 어떤 춤 리듬에 발을 구르며 트라이앵글과 탬버린의 반주에 맞추어 내가 모르는 가사(佳詞)를 불렀다.

XXIV. 2-3행, 우리가/ 엄격히 육성한 강철:

우리가 근대에 와서 이룩한 기계문명을 지칭하며, 이러한 시대상(paradigm)은 근대인들을 '희랍 신들'이라는 신성한 존재들에 대해 무감각하게 만들었고, 그 결과 신들이 군림하던 올림포스(Olympus)의 존재가 이제는 지도상에서 찾아보아야 하는 산의 이름으로만 남아 있는 현실에 대한 미묘한 질책; 이러한 맥락에서 시인은 '삶의 진정한 의의(意義)'를 잊고 사는 근대인들을 '죽은 자들'이라고 칭하고 있는 것이라고 사료됨; 원문의 5행에서 'die Toten 죽은 이들'을 주격(主格)으로 이해하는 것이 릴케의 시론 상 적합하다고 판단됨.

6행, 우리의 바퀴들:

원문의 'Räder 바퀴들'은 기계 문명의 핵심 부품인데, 그것이 본 소네트에서 어떤 바퀴들을 지칭하는지 분명치 않지만, (톱니)바퀴 또는 (수레)바퀴 등으로 상상이 가능함.

XXV. 이 소네트에는 릴케가 주석을 붙였다: 베라(Vera)에게.

XXVI. 1-2행, 퇴박맞은 바커스 무녀의/무리:

오비디우스(Ovidius)로부터의 다음 시행(詩行)들을 참조:

삼년이 지나갔으나 오르페우스는 아직도 다른 여인을
사랑하기를 거절했다: 그의 잃어버린 에우리디케에

대한 슬픔은 그처럼 강렬했고, 그밖에도
그는 독신으로 머물 것을 맹세했었다.
그러나 많은 여인들은 그를 갈망했고
그의 느닷없는 거절에 격노하였다.

《오르페우스에게 부치는 소네트》 제2부 해설

I. 1행, 숨쉬기, 그대 보이지 않는 시(詩)여!

제2부의 첫 소네트는 이해하기가 비교적 용이하나, 그것을 잘 음미해 보면 매우 흥미롭다. 우선 '숨쉬기'는 괴테의 《색채 이론》에 나오는 전문 용어로서 '숨을 들여 마시기 Systole'와 '숨을 내쉬기 Diastole'를 연상시킨다. 어떤 물리학적 현상에 대해 이론보다 직관에 더 많은 비중을 부여했던 괴테는 선배 학자 베른하르디누스 텔레시우스(Bernhardinus Telesius 1508~1588)의 지론을 받아들여 숨쉬기 현상을 '경험적'이기보다는 '시적(詩的)인 것'으로 이해한다. 그리하여 그것의 다양한 응용으로 '응축 Ausdehnung'과 '확장 Zusammenziehung'을 언급하는데,[21] 이 시론(詩論)적 개념이 본 소네트에 적용되고 있다고 사료됨.

8행, 공간 획득:

아주 개인적인 것이 숨쉬기를 통하여 언어로, 노래로, 또 시(詩)의 어휘로 전환되는 것이기에, 그 과정은 '공간 획득'이 되는 것임.

II. 9–11행, 그을음으로 검게 되어 … / 영원히 실종된 것들:

서정적 자아가 벽난로 안의 불길들을 바라보며 한때 꿈꾸고, 희망하고, 계획했던 것들이 다 무위로 끝나버린 것도, 12–14행에서와 같이 삶의 전체 삶의 내용에서 한 부분으로 간주되어야 한다는 의미.

12행, 그의 손실들:

'인간의 대지'에 인간에 의해 또는 자연에 의해 재해가 발생하는 경우, 그것은 그 '대지의 삶'의 일부로 이해해야 한다는 의미.

---

21 Goethe, Werke Hamburger Ausgabe, Bd. 14, 83쪽을 볼 것.

III. 3행, 온통 쳇불 구멍들로/ 채워진 듯:

본 소네트에서 '거울들'이라고 복수로 호칭되는바, 그것들은 여러 가지 형태로 우리의 주변에 머물러 있는데, 일차적으로는, 모든 물체들을 반사할 수가 있어, 그 영상(映像)을 '체로 걸러 내듯' 포착하여 우리에게 보여주고, 이차적으로는, 나르시스(Narcissus)가 들여다 본 맑은 샘물같이 한 자화상을 던져 줌; 어떤 여인들은 거울 속을 잠깐 들여다보는가 하면, 다른 여인들은 자신의 모습에 자신이 없어 '수줍어하며 scheu' 지나간다.

7행, 샹들리에는 어느 십육 각(角) 수사슴처럼:

샹들리에가 거울에 비친 모양이 16개의 잔가지들로 구성된 뿔을 한 큰 수사슴과 같이 보였다는 뜻.

13행, 온통 붙잡혀진 뺨들:

원문의 'enthalten 포함하다'는 원래의 의미에 어떤 중요한 것을 '잡아 둔다 zurückhalten'라는 뜻이 있는데, 여기 해당 시행(詩行)에서 거울 속을 들여다보고 있는 주인공의 '붙잡혀진 뺨들'에 대한 미녀(美女)의 자의식(自意識)을 시사함.

IV. 1행, 실제로 있지 않는 동물:

이 소네트는 전설적 '일각수(一角獸 unicorn) — 이마에 뿔이 하나 달린 흰 말이나 노루 — 에 대한 아름다운 시이다. 릴케가 뮈조 성에서 1923년 6월 1일자로 마르고트-시쵸-크루이(Margot Sizzo-Norris-Crouy) 백작 부인에게 보낸 편지의 다음 부분은 이 소네트의 배경을 잘 설명해 준다.

> 어떤 "암시"로 작용하는 모든 것은, 저의 소신(所信)으로는, 시의 형언할 수 없이 '엄연한 존재'에 배치되죠. 그러니까 일각수에 있어서, 그리스도와의 어떤 평행선도 의도하지 않아요; 그에 반대해 정녕 증명되지 않는 것 또 쉽게 파악되지 않는 것에 대한 애착, 우리의 정서가 지난 수세기에 걸쳐 자체적으로 지어내고 제고(提高)한 것의 가치와 실제에 대한 진솔한 믿음이 시 속에서 칭송될 수는 있죠.[…일각수는 고대로부터 내려오는바 처녀성과의 연관관계를 지니고 있고, 이 점은 중세(中世)에 걸쳐 지속적으로 존중되었어요. 그런 고로 이 소네트가 진술하고 있는 것

은 일각수가 세속인들에게는 존재하지 않는다 해도, 그것은, 처녀가 앞에 들고 있는 거울에 모습을 드러내자마자, 존재하는 것이고(15세기 벽걸이 비단들 참조), 또 "그녀 안에", 마치 너무나 순수하고 너무나 신비스런 제2의 거울 안에서 존재하듯이 말이에요.

V. 5행, 조용한 꽃-별:
원문의 'Blütenstern'은 릴케에 의해 조성(造成)된 단어로 '별 모양의 꽃 테두리'를 뜻한다고 사료됨.

7행, 그토록 충만으로 압도되어:
꽃의 '힘줄'이 꽃 테두리를 오므리지 못하는 경우를 말하는데, 시인은 그가 관찰한 경험을 1914년 루 안드레아스-살로메에게 한 편지에서 다음과 서술하고 있다:

> 나는 언젠가 내가 로마에 있을 때 정원에서 본 작은 아네모네 같아요: 그것은 낮 동안 꽃잎들을 그렇게 활짝 펼쳐 놓아서, 밤이 되어도 자신을 오므릴 수가 없었어요. 어둑어둑한 초원에서 그것이 활짝 열린 채 아직도 꽃받침 속으로 모든 것을 받아들이고 있는 것을 보는 것은 끔찍했어요; 받침이 맹렬히 뒤로 젖혀진 것 같았는데, 그 위로는 너무나 광활한 밤이 덮누르고 있었죠. 그런데 그 옆에, 그것의 조심스러운 모든 자매들은 저마다 자기 분수에 맞는 풍부한 양을 취하고는 자신을 오므렸던 것이에요.

VI. 1행, 옥좌에 앉은 그대 장미여:
장미는 시인 릴케에게 아주 의미심장한 꽃으로 그의 묘비명(墓碑銘)에도 등장한다. 이 소네트에 대해 시인은 다음의 주석을 남겨 놓았다: "고대(古代)의 장미는 단순한 '들장미'로서 화염 속에서 나타나는 그런 붉고 노란빛이었다. 그것은 이곳 발레(Valais) 주(州)의 여러 정원들에 피어있다." 특히 릴케가 1923년 1월 4일자로 엠. 에르.(M. R.) 부인에게 보낸 편지의 다음 부분은 시사(示唆)하는 바가 크다: "매일 내가 이 감탄할 만한 흰 장미들에 관해 숙고할 때마다, 나는 그들이 우리 생명의 등식 관계를 이룩하는 저 부재(不在)와 현존(現存)의 통일성, 또 감히 말하건대, 동일성(同一性)을 뜻하는 가장 완벽한 이미지가 아닌가 하는 생각이 들어요."

VII. 7행, 흠뻑 젖은 손끝 사이에서 다시 들어 올려 진바:

원문 'die strömenden Pole 흐르는, 씻어내는 끝'은 제1행의 'den ordnenden Händen 정돈하는 손들'과 평행적 구조를 갖고 있는바, 다소 함축적임.

12-13행, 꺾임을 당한 것에 대한 음울하고 고달픈 죄들:

소녀들과 비교 되는 '꽃들'이 주제인 이 소네트는 상당히 심각한 메시지를 담고 있다고 사료됨; 예컨대 어느 소녀가 정조(貞操)를 잃었다면, 그것이 소녀의 죄인 가? 원문 12행의 'trübe ermüdende Sünden 음울하고 고달픈 죄들'은 원문에 있어 날카로운 변모음 '위(ü)'가 세 번 반복되며 그 사안(事案)의 심각성을 부각시키고 있음.

VIII. 4행, 그 말하는 종이 두루마리를 지닌 양처럼:

릴케는 이 소네트에 다음과 같이 주석을 붙였음: "(중세의 그림들에서) 단지 글자가 적혀 있는 두루마리를 가지고 말하는 양."

추념, 에곤 폰 릴케:

릴케가 1924년 1월 24일자로 그의 어머니 피아 릴케(Phia Rilke 1851~1931)에게 그의 사촌 동생 에곤에 관해 다음과 같이 적고 있다:

> 저는 가끔 그 애를 생각하고 제 마음속에 형언할 수 없을 만치 감동적으로 남아 있는 그의 모습을 자꾸 떠올려요. 그처럼 많은 "유년 시절", 즉 유년 시절의 슬프고 난감했던 측면이 저에게는 그의 모습으로 아로새겨져 있어요; 그의 높은 주름 칼라며, 작은 목이며, 턱하며, 일그러진 예쁜 눈들 말이에요. 그러니까 제8 소네트와 더불어 그를 다시 한 번 불러낸 것이고, 그렇게 해서 무상(無常)함이 표현되고 있어요.

IX. 3-4, 자비의 의도적 경련이 그대들을 보다 온화하게/ 비틀어 놓는다고 해서:

릴케는 이 소네트에서 근대의 사법제도에 대한 날카로운 비판을 가하는데, 당대(當代)에 저 악명 높은 단두대와 여러 고문형태들을 법 집행의 테두리에서 제거함으로써 이전 세대들에 비해 보다 인도적으로 되었다고 자부하는 것이 아직은 때 이른 것이라고 생각한다. 법관들이 의도적으로 짓는 미소는 참다운 '온정'에서 우러나오는 것은 아니라는 것이다.

X. 1행, 1-2행, 기계가 복종 대신 정신을 앞세워:

시인은 현대에 와서 인간이 기계를 지배하는 것이 아니고 기계가 인간을 지배한다는 위기의식과 더불어 기계 문명에 대한 비판을 가하고 있다. 제7행에서는 '기계는 생명'이다, 라고 하는 허위의식을 꼬집는다.

13행, 음악은 언제나 새롭게:

형언할 수 없는 내재적 가치를 문학의 '시어(詩語)들'이 지니고 있다면, 모든 예술을 대변하는 오르페우스는 기계 문명으로 인해 '부적합하게 된' 공간에서 '음악'을 통해 암석들을 동원하여 '그 신전'을 짓는다.

XI. 1행, 죽음의 소리 없이 정리된 여러 규칙:

이 소네트에는 불교적 동양인들에게는 다소 수용하기가 거북한 내용이 담겨 있다. 살생을 금하는 불교에서는, 집단 도살은 말할 것도 없고, 사냥이나 고기잡이도 금하고 있다. 그러나 여타 문명권에서는 생존 법칙에 부합하는 살생이 허용되어 있다.

3-4행, 대지(臺地) 동굴 안/ 깊숙이:

여기서 '대지'의 원어는 '카르스트 Karst'라고 하는데 알프스 산맥의 석회암으로 된 지형(地形)을 가리킨다. 그 지역의 특수한 관습을 릴케는 다음과 같이 주역(註譯)하고 있다:

> 일부 카르스트 지역에서, 고대로부터 내려오는 사냥 습관에 따라, 야릇하게 창백한 동굴-비둘기들이 잡히는데, 그 과정이 서술되고 있다. 사냥꾼들은 동굴 안으로 돛폭 같은 천을 들여놓고서 그것을 갑자기 흔든다. 놀라서 튀어나오는 비둘기들이 허겁지겁 도주하려는 참에 사살된다.

XII. 1행, 변용(變容)을 의도하라:

시인은 제4 비가 1행에서도 어떤 생활의 변곡점에 대한 희구(希求)를 암시하고 있다면, 본 소네트의 제1행에서 본격적으로 '변용'을 추구한다. 그와 동시에 그는 침체를 거부한다. 제1 비가의 53행에서 단언하고 있다: "정녕 머무름은 어디에도 없어라."

6행, 둔탁한 잿빛의 보호 속에서:

화염의 발랄한 변화는 방관하고 '둔탁한 잿빛' 속에 안주하려는 태도가 비판의 대상이 되고 있다.

9행, 인식의 주(主):

원문의 'Erkennung 앎'은 매우 드문 용법인데, 아담이 이브를 알게 된 것같이, 어떤 행동을 주도(主導)하는 '인식적 앎'으로 이해됨.

12행, 모든 행복한 공간:

두 연인은 만남과 이별이라는 변곡점을 지나지만, 그들의 행복한 시간으로부터 소생(所生)이 있었던 것이다. 다음 시행(詩行)에서 다프네는 비록 월계수로 변용되어 있지만, 그녀의 상대가 '바람'이 되어 그녀를 찾아주기를 바라는 것이다. 만남과 이별, 삶과 죽음이 끊임없이 반복되는 순환 구조는 동양의 '윤전윤회(輪轉輪回)'를 떠올리게 한다.

XIII. 이제 막 떠나려는 겨울처럼 모든 작별에:

아쉽게 느껴지는 모든 작별은 봄이 뒤따라 올 것 같지 않은 겨울처럼 느껴진다. 하지만 시인은 우리가 그것을 '존재'라는 대국적 국면에서 받아들일 것을 기대하고 권유한다. 이 소네트는 이 '소네트 집'의 동기(動機)가 되었던 베라 크노프의 어머니에게 적절해 보인다. 소네트들의 제2부가 발표됨을 계기로 하여 시인은 1822년 2월 15/17일 자로 베라의 어머니 게르트루드 우카마 크노프에게 보낸 편지에서 다음과 같이 적고 있다.

> 오늘 나는 당신에게 소네트들 중 단 하나만을 보내는데, 전체 소네트집(集)에서 그것이 제 마음에 가장 가깝고 또 궁극적으로 가장 유효한 것이기 때문이에요.

이러한 관점에서 릴케가 1922년 4월 2일에 그의 편집자 카타리나 키펜베르크에게 보낸 쪽지의 다음 내용은 이 소네트의 의미심장함을 드러내준다: "제2부의 13번 소네트는 제게는 모든 것 중 가장 유효한 것이에요. 그것은 모든 다른 것들을 함축하고 있고, 그것이 표현하고 있는 것은, 그것이 나를 훨씬 능가하고 있기는 하지만, 나의 가장 순수하고 또 가장 궁극적인 성취의 모습이에요."

9행, 그 비(非)-존재의 조건:
'비-존재'는 논리적으로 '존재' 다음의 현상이다. 인간은 어머니의 자궁에서 선택을 받았고, 그렇게 태어난 각 개인은 자신을 전개할 다양한 가능성을 지니고 있는 것이다. 하지만 그가 자신의 잠재력을 최대로 실행할 수 있고, '존재에 공명하는 유리잔'이 될 수 있는 기회는, 제9 비가에서 강조하다시피, 단 한번뿐이다.

14행, 그 숫자를 무효화하라:
실제로 우리가 어떻게 '존재'를 경험할 수 있는가에 대해 릴케는 1922년 3월 23일 자로 루돌프 보들랜더(Rudolf Bodländer)에게 보낸 편지의 다음 부분에서 피력하고 있다:

> 전적인 사랑의 경험에 있어 거의 서로 구별되지 않는 저 모든 황홀감들 — 영혼적인 것과 육체적인 것이 더 이상 분리되지 않는 그런 지경 – 이 중심적 국면을 이루고 있는 경우엔 사랑의 체념 혹은 사랑의 성취라는 두 가지 것은 그저 경이로울 뿐이고 유례를 찾기가 쉽지 않아요: 정말 그러한 때에는 […] 또한 거부와 충족이 동일한 것이 되죠. 그 무한한 것이 전적으로 등장하는 곳에서는 (그것이 마이너스 또는 플러스 기호이건 간에), 그 앞 기호(記號), 아이고, 그처럼 인간적인 숫자 놀이는 이제 완성된 행로로서 탈락하게 되고, 남는 것은 도착했다는 것, 존재한다는 것이에요.

XIV. 2행, 그들에게 우리는 운명의 갓길로부터 운명을 빌려준다:
우리는 주어진 운명에 따라 인생행로를 걷는 도중, 경우에 따라, 우리의 주변에서 꽃을 꺾어 꽃병에 넣어 놓고 관상(觀賞)한다. 이것은 문화적 관행으로 미묘한 문제이다. 김소월의 유명한 시구(詩句)는 그것을 말해준다: "寧邊에 藥山/ 진달래꽃/ 아름따다 가실길에 뿌리우리다." 그 꽃은 꺾임을 당했을 때, 그것이 다시 수분을 섭취하지 못하면, 시들어 죽고 만다. 식물적 존재로서의 '운명'을 몰랐던 꽃에게 시인은 우리의 꽃 따는 행위를 마치 우리가 꽃에 '운명의 경험'을 빌려주는 것으로 표현한다.

7행, 소모적 선생:
시인은 이 소네트에서 식물들에 깃들여 있는, 꽃들의 정물화(靜物畵)에서와 같이, 저 온화함과 청량함과 같은 '식물적 행복'을 추구하고 있다. 그러한 행복은 욕망에 의해 소모되지 않는 것이다.

XV. 14행, 그녀에게는:

독일어에서 'Erde 대지(大地)'는 여성이기에 '그녀'로 옮겨놓았음; 유럽에서 분수(噴水)의 물은, 흔히 산과 무덤 있는 곳을 지나 내려오기 때문에, 대지의 소리를 대변한다고 사료됨.

XVI. 2-3행, 우리는 예리한 자들이니:

우리는 오성(惡性 Verstand)을 지니고 있어, 모든 것을 날카롭게 분석하고 탐구정신으로 모든 것을 파헤치지만, 흔히 '존재의 청량함'을 담지 못한다는 의미.

4행, 청량하고 분배되어 있다:

오르페우스는 바쿠스 무녀들에 의해 사지(四肢)가 찢겨져 흩뿌려졌지만, 예술의 신인 오르페우스의 관점에서는 그것은 문화의 보급을 위한 '분배'의 의미를 지니고 있고 그는 존재의 '청량함'을 대변함; '청량함'을 강조하기 위해 수사학적으로 도치되어 있음(hyperbaton).

5-8행, 그 자유로운 종말에/ 담담히 대립하는바:

오르페우스는 존재의 청량함과 신뢰의 국면을 대변하는데, 이 대목에는 릴케가 1911년에 행했던 이집트 여행의 추억이 깔려 있다: "고대 이집트 신전들의 부조(浮彫)들에 (등장하는) 신들은 봉헌하는 이들과 선선히 내밀고 있는 그들의 선물들을 마주하고 그렇게 서 있다."

10-11행, 소리로서만 듣고 있는/ 그 샘물:

공감각적 표현으로 존재의 '샘물'이 콸콸 흐르는 소리를 듣지만, 물맛을 보지는 못한다는 뜻.

13행, 보다 조용한 본능으로부터:

겸허한 동물로 인식되는 양(羊)은 무리의 충동에 떠밀리지 않기 위해, 혼자 떨어져 있기를 원하여, 다만 그의 위치를 표시해 줄 '방울'을 얻고자 하는 것임.

XVII. 3행, 위로함의 낯선 과일들:

이 소네트는 위로를 듬뿍 담은 아름다운 시이다. 릴케를 누구보다도 잘 이해했던 카타리나 키펜베르크는 시의 전제로 고뇌와 불안으로 가득 찬 세계에서 우리가 필요로 하는 위로를 '과일'이라는 소재(素材)에서 찾고 있다. 이러한 관점에서, 그녀는 다음과 같이 서술하고 있다:

> 한때 위로 받았던 경험을 상기하는 시인의 환상 속에서 흐드러지게 꽃피는 정원이 그 세상의 고뇌로 점철된 마음의 어두운 구석으로부터 솟아오르고, 그곳엔 화려한 나무들이 자라고 있다. 거기엔 우리 서글픈 자들을 희한하게 싱그럽게 해주는 낯선 과일들이 주렁주렁 달려 있고, 그것들은 크고 싱싱하고 은은한 향기로 차있다.[22]

XVIII. 12행, 그 그림들 속에:
릴케는 뮌헨이나 로마의 박물관들에서 고대 희랍 항아리나 화병에 그려져 있는 그림들에서 무희의 매우 인상적인 곡선미나 직선미의 표출을 감식한 것으로 추정된다.

XIX. 4행, 옷장 밑 먼지 낀 구석이나 실종된 장소:
이 소네트의 주인공 거지는 《말테의 수기》에 등장하는 거지의 모습을 하고 있는데, 그는 은행 옆 한구석에서 지나가는 행인들을 상대로 동냥을 하는데, 그가 서 있는 곳은 누가 별로 거들떠보지도 않기에 '장소'라고 불리지도 못하고, 행인들이 그에게 주는 동냥 푼은 아무렇게나 던져서, 그것이 마치 장롱 밑의 먼지 낀 바닥으로 굴러 들어가는 것 같다는 것이다.

12-13행, 그 오랜 지속을 경탄하며／ 이해하고 상찬(賞讚)해 주었으면:
시인은 거지도 인간 가족의 일원임을 감식하고 그의 끈기를 상찬하고자 함.

XX. 1-2행, 사람들이 이 지상에서／ 배우는 것은 얼마만큼이나 훨씬 더 먼 것인가:
우리는 밤하늘의 별들을 바라볼 때, 그들 사이의 간격이 우리의 척도로 대단히 먼 것을 배워 안다. 하지만 우리가 우리 주변에서 일어나고 있는 많은 것에 대한 이해는 그보다도 훨씬 더 요원하다. 예컨대, 우리가 낚시질에서 잡아 올리는, 낚시

---

22 Katharina Kippenberg, 상기 인용(op. cit.), 311쪽.

바늘에 아가미가 꿰어 끌어올려지는 물고기의 고충을 이해할 수 있을 것인가? 시인은 그와 비슷한 예를 제기하고 있다.

5행, 존재자의 뼘으로:
원문 'des Seienden Spanne'는 '실제(實際)하는 상황의 척도'란 뜻이다.

11행, 그 접시에 담겨 있는/ 생선의 모습:
역지사지(易地思之)라고 입장을 바꾸어 놓고 생각해볼 필요가 있을 것이다.

XXI. 3행, 이스파한과 쉬라즈:
이들은 페르시아(이란)의 도시들로 그들의 장려한 정원들로 인해 유명함; 쉬라즈에는 또한 유명한 시인인 하피즈(Hafiz)와 싸디(Sa'di)의 무덤이 있음.

9-10행, 궁핍이 있으리라고 생각하는 오류:
존재의 의미에 대해 생각해 보는 것이 비실제적이고 결손(缺損)이라는 우려를 시인은 이제 '오류'라고 지칭하고 있음.

XXIII. 1행, 그대에게:
시인이 독자에게 건네는 다정한 호칭; 존재의 참뜻을 찾기 위한 공조(共助)를 시사함.

13-14행, 그 큰 가지이며 그 절단기이고/ 또 (…) 또 위험의 그 감미로움:
시인은 존재의 큰 의미를 '가지'로, 가지에 붙은 불필요한 잔가지들을 쳐내는 우리의 역할을 '절단기'에 비유함; 마지막 행은 릴케가 탐독한 횔덜린의 시 〈파트모스 Patmos〉의 3-4행 참조: "Wo aber Gefahr ist, wächst/das Rettende auch. 위험이 있는 곳에, 하지만/구조(救助)가 자란다."

XXIV. 1행, 보다 헐겁게 된 점토로부터 얻는 것:
초기 문명인들은 진흙 초가집들을 짓고 그들의 거처를 '기쁨'으로 삼았고, 그런 개척 정신으로 훗날 '도시들'을 세운 것임.

6행, 투덜대는 운명은 다음 이것들을 다시 파괴한다:
신들의 존재는 '존재하는 상황의 논리'로서의 운명에 의하여 구상(構想)된 것인데, 상황이 바뀌면, 신격(神格)도 변화를 겪는다는 의미; 하지만 그들이 '불사(不死)적 존재라는 대전제(大前提)는 유효한 것임.

8행, 결국에 우리의 말을 들어주는 그분의 말:
문화 촉진적 오르페우스의 가르침을 시사(示唆)함.

14행, 그가/ 시간을 우리에게 빌려준다면, 언제나 이득을 본다는 것도 알고 있다:
카타리나 키펜베르크는 이 구절을 다음과 같이 설명한다: "완성의 무한한 시간이 우리 앞에 놓여 있다. 잠깐 동안 우리가 인생을 즐기도록 내버려두었던 죽음은 우리가 지상에서 더 오래 경과하면 할수록, 우리가 그를 위해 점점 더 원숙해지고 또한 더 많은 깨달음과 극복의 경험을 그의 암흑세계로 가져올 것임을 알고 있다."[23]

XXV. 3행, 그 조춘(早春)의 강인한 대지:
이 소네트에 대한 시인의 주해: '제1부 21 소네트의 동요풍 봄노래에 대칭이 됨.'

XXVI. 4행, 실제의 울음소리를 제쳐놓고 소리쳐댄다:
시인은 어떤 때 창문을 열어 놓고 작업을 할 때면, 창밖에서 무작위로 소리 지르는 애들로 인해 곤혹스러워했던 경험을 카타리나 키펜베르크에게 '미소를 지으며' 얘기했다 한다. 시인에게 새들의 지저귐은 자연의 질서와 조화에 부합되지만, 여기서 아이들이 무작위로 느닷없이 소리치는 것은 부정적으로 인식되고 있다.

9행, 우리는 어디에 있는가?:
시인은 우리가 저 '끈 떨어져나간 연들처럼' — 하이데거 실존철학에서 논의되는 바, 존재의 의미를 망각한 채(daseinsvergessen), — 목적의식 없이 살아가는 양을 개탄하고 있음.

14행, 그 머리와 칠현금을 실어 나르도록:
신화에 따르면, 바쿠스 무녀들이 오르페우스를 갈기갈기 찢어 죽였지만, 그의 지능의 상징인 '머리'와 예술의 상징인 '칠현금'은 강물에 실려 레스보스(Lesbos)

---

23 같은 책, 320쪽.

섬에 도착해서, 그곳에서 예술이 새롭게 꽃피었다. 마지막 연(聯)에서, 시인은 마찬가지로 아이들이 교화되어 '예술의 담지자들'이 되게 하도록 오르페우스 신에게 간구하고 있다.

XXVII. 3-4행, 조물주는 […] 이 마음을 폭력으로 짓누를 것인가?:

원문 'Demiurg 조물주'는 영지(靈知) 인식의 전통(gnosis)에서는 시간의 세계를 창조한 신으로서 희랍신들의 서열에서 저급에 속함; 그는 '산 위의 거성'은 허물 수 있어도 신성한 영역에 속하는 '마음'은 '짓누를' 수 없을 것이라는 견해.

7-8행, 약속이 듬뿍 담겼던 그 오묘한/ 유년시절:

시인의 추억 속에서 '유년시절'은 형식면에서도 어떤 티 없이 맑고 청량한 구간으로 기억되며, 모든 진리의 근원으로 이해됨.

14행, 신성한 쓸모의 대상:

독일어 원문에서 살펴보면, 여기서 등장하는 '쓸모 Brauch'는 바로 위 시 연(詩聯)의 '연기 Rauch'와 대칭되는 개념이지만, 유음 중첩법(paronomasia)으로 수사학적 효과를 내고 있음.

XXVIII. 1행, 오 왔다 가거라:

이 소네트는 릴케의 주해에 따르면, '베라(Vera)에게' 바친 것이다. '왔다 간다는' 표현은 이 소네트집(集)에서는 오르페우스에 해당되는 표현이기에, 구절의 함축적 의미는 베라가 오르페우스의 역할을 대행한다는 뜻으로 이해할 수 있다. 그러한 맥락에서, 그녀가 이 소네트에서 주동적 역할을 하고 있다면, '자연'은 그녀의 독려에 수동적일 뿐이다.

14행, 그 친구의 발걸음과 시선:

이 구절에서 '친구'라 함은, 이 소네트 집의 전체 맥락에서 고려해 볼 때, 시인 자신을 지칭하는 것이라고 사료됨.

XXIX. 1행, 그 많은 원방들의 조용한 친구:

이 소네트는 전 작품의 마지막 장으로 의미심장하다. 릴케 자신의 주해에 따르면, 그것은 '베라의 친구에게' 바쳐졌다고 한다. 그러나 이 작품의 내외적 상황으로 비추어 볼 때, 그 '친구'가 누구인지 분명히 드러나지 않기 때문에, 일차적으로는 미묘한 느낌을 금할 수 없지만, 문체라든가 내용을 분석해 보면, 그 '친구'는 시인의 서정적 자아로서 그 자신과의 대화 상대자로 칭하는 것으로 또는 베라가 서정적 자아로서 시인을 향해 말하는 것으로도 이해가 가능하다. '원방들'에 대해서는 문화적 체험을 위해 여행을 많이 한 릴케의 경우, 우리는 의당히 그가 즐겨 방문했던 러시아, 스페인, 이탈리아, 이집트 등을 연상할 수 있고, '조용한 친구'라 함은 그러한 경험들을 조용한 명상(冥想)속에서 반추하는 시인 자신을 가리킨다고 사료된다.

8행, 마시는 것이 그대에게 씁쓸하다면, 포도주가 되어라:
릴케 시론의 핵심개념인 '변용 Verwandlung'의 논리에서 모든 것은 상호보완적이다. 우리 자신이 폐쇄되어 있다면, 종이 되어 울려라 하고 시인은 조언한다. 우리에게 아무리 쓰라린 경험이 있다 해도, 그것의 매체인 감각들을 통합하는 지성적 판단력을 통해 적극적으로 극복해야 한다는 것이 시인의 소신이다.

14행: 그 빠른 물에게는 답하라: 나는 존재한다:
릴케의 시론적 맥락에서 우리는 '현존재 Dasein'로서 그냥 정신없이 살아가는 것이 아니라, '존재를 의식하는 자'로서 남아있다는 것이다.

비교문학자 염승섭 교수의 삶과 학문
- 유저(遺著) 출간에 즈음하여

안삼환(서울대 독문과 명예교수)

독문학자이시며 빼어난 비교문학자이신 염승섭(廉承燮) 교수님께서 2021년 3월 19일에 대구의 자택 앞 정원에서 봄맞이 일을 하시던 중 갑작스러운 호흡 곤란으로 돌아가셨다.

이 예기치 못한 부음에 접하여 독문학계의 모든 동학 및 후배들의 놀라움과 안타까움은 이루 말할 수 없이 컸다.

특히, 그 며칠 전에만 해도 전화 통화 중에, 이 비루한 팬데믹 사태가 조금만이라도 수그러들면, 쉬이 다시 만나서 못다 한 이야기를 실컷 나누자고 하셨던 말씀이 아직도 귀에 쟁쟁한 나로서는, 그야말로 청천벽력이나 다름없는 비보였고, 선생님과 내가 이제 유명(幽冥)을 달리하게 된 사실을 도저히 현실로 받아들이기가 어려웠다.

코로나 사태로 당국의 방침에 따라야 하기도 했지만, 부득이한 개인적 활동 계획이 끼어 있어서 내가 바로 현장으로 달려가지는 못했으나, 쏟아지는 눈물을 어쩌지 못하는 가운데에 여러 통의 전화를 해 가면서, 영혼은 이미 떠나버린 선생님의 육신이 가시는 길이 편안하시도록 도와드리고자 노력했다. 계명대 신일희 총장님을 비롯하여, 경북대의 변학수 교수님, 계명대의 장희권 교수님과 홍순희 교수님 등 대구 지역의 여러 동학님들께서, 미국에 가족을 두시고 고국에서 연구하시다가 혼자 돌아가신 고인의 뒷일을 잘 수습해 주셨다.

평소에 나는 염 선생님께 필설로는 다 표현할 수 없는 존경심과 깊은 연대감을 느껴 왔으며, 선생님 또한 서울대 문리대 독문과 5년 후배인 나를 동년배의 절친한 친구처럼 대해 주셨고, 학문적 도반(道伴)으로서 유달리 아껴주셨다.

사실, 염 선생님께서는 평소 그 무엇보다도 늘 우리 독문학을 사랑하셔서, 우리 학문과 관련이 있는 여러 학회의 행사에 꾸준히 참석하시고, 항상 겸허하고도 진솔하신 태도로 학회의 학술토론에 적극 참여하심으로써 우리 후배 회원들에게 큰 감명과 모범을 보여주신 분이었다. 그 무렵 학회의 학술발표회란 것이 다소 형식적으로 이루어지고 있었고, 진정한 의미의 학술토론이 드물었던 것이 또한 사실이었다. 그러하였던 우리 독어독문학계에 올바른 토론 문화가 새로이 정착하게 된 데에는 나는 누구보다도 선생님의 공로가 컸다고 생각한다.

염승섭 선생님은 1938년 2월 22일 서울 명륜동에서 출생하시고, 1957년 명문 서울고등학교를 졸업, 1961년 3월에 서울대 문리과대학 독어독문학과를 졸업하셨으며, 1967년 미국 인디애나 대학에서 《라이너 마리아 릴케와 김춘수에 관한 비교문학적 고찰》이란 논문으로 석사학위를 취득하셨다. 이 논문에서 선생님은 1915년 경 제1차 세계대전의 분위기를 겪은 릴케의 작품과 1950년의 한국전쟁을 겪은 김춘수의 작품을 비교하시되, 두 시인이 다 정치적, 사회적 테마를 직접 다루지는 않고 미학적 접근을 우선시했음을 지적하시고, 김춘수가 "릴케의 장(章)"에서 두 번이나 릴케의 이름을 부름으로써, 릴케를 선배 시인으로서보다도 한 '구도자(a seeker for truth)'로 생각하고 있었음을 밝히셨다. 이번에 염 선생님께서 남기신 유작이 릴케 시의 번역과 그에 관한 논구(論究)인 것도 이런 점에서 결코 우연이 아닌 듯하다. 선생님은 평소에 늘 릴케의 〈오르페우스에 바치는 소네트〉와 〈두이노의 비가〉에 대해 내게 자신의 독특한 견해를 피력하곤 하셨다. 릴케는 말하자면, 비교문학자 염선생님의 첫정이요, 텃밭이었던 것이다.

1971년 라이스(Rice) 대학의 박사논문《쉴러와 휠덜린에 있어서의 유희와 조화(Spiel und Harmonie bei Schiller und Hölderlin)》역시 넓은 의미에서의 비교문학적 연구이다. 이 논문에서 선생님은 18세기의 독일 철학과 문학이 '조화'를 근본으로 하고 있는데, 이런 의미에서 쉴러와 휠덜린도 18세기의 아들들이며, 이 둘의 정신적 유사성은 문학을 통해서 이 세계를 도덕적으로 향상시킬 수 있다는 그들의 '이상주의적 신념'에 있었고, 자연과 문화가 위대한 조화를 이룬 가운데에서 이상적 미래사회를 건설하겠다는 공통된 꿈에 있었다고 설파하고 계신다. 선생님의 논지에 의하면, 그들 둘은 프랑스 대혁명이란 위대한 이상이 실패한 원인이 인간의 아직 부족한 교양 때문이라고 보고, 예술의 '유희'를 통해 인간에게 새로운 교양을 부여하고자 했다는 것이다. 쉴러의 편지에 나오는 〈인간의 미적 교육〉(die ästhetische Erziehung des Menschen)'과 횔덜린의 찬가들에 나오는 '현악 연주(Saitenspiel)'가 실은 '조화'를 얻기 위한 예술적 행위이며, 당대 사회에 대한 예술가의 응답이었고, 그 두 시인에게 예술은 보다 고양된 인간들로 구성된 이상적 '세계 구상(Weltentwurf)'이었다고 선생님은 설파하신다. 이런 의미에서 횔덜린을 쉴러와 동시대에 놓지 않은 것은 모든 독문학사 집필자들의 오류일 것이며, 하이네와 뷔히너에 이르러서야 쉴러와 횔덜린의 믿음, 즉 예술과 사회와의 밀접하고도 긍정적이었던 관계가 드디어 회의에 빠지게 되면서, 예술가는 사회로부터 고립되고 예술의 '유희'는 '예술을 위한 예술'이 되고 만다는 것이 선생님의 탁견이시다.

염 선생님은 릴케에서 출발하셨지만, 그 원천이라 할 수 있는 쉴러와 횔덜린으로 거슬러 올라가 독문학을 본격적으로 탐구하기 시작하신 것이다.

이렇게 석사논문과 박사논문을 거치신 염선생님은 이제 독문학이란 큰바다를 유영하시면서 철학적, 문학적 비교연구를 계속하신다.《염승섭/변학수/김용일 공저: 인문학과 해석학》(계명대 출판부, 2002)에서 염 선생님은 쉴러와 횔덜린은 물론이거니와, 슐라이어마허, 딜타이, 하이데거, 가다머에 이르기까지 그 범위를 점점 넓혀가신다.

더욱이, 선생님의 해박하고도 광범위한 철학적, 비교문학적 연구는 발터 게프하르트(Walter Gebhard)와 기무라 나오지(木村

直) 교수가 펴내는 독일 및 동아시아에 관한 상호문화적 문학학에 관한 총서 제4권으로 출간된 《1780년부터 1980년까지의 독문학에 관한 논문집(Syng Sup Yom: Beiträge zur deutschen Literatur 1780-1980. Ein ost-westlicher Brückenschlag, Bern: Peter Lang 2006)》을 통해, 독일의 학계에도 널리 소개되기에 이른다. 이 책에서 선생님은 괴테의 《파우스트》, 쉴러, 횔덜린, 그라베, 뷔히너, 막스 뮐러, 호프만스탈, 니체, 토마스 만, 릴케, 엘제 라스커-쉴러와, 고트프리트 벤 등 독일 표현주의의 시인들, 브레히트, 막스 프리쉬, 폴커 브라운, 샤토브리앙, 앙드레 지드, 랭보, 이상화, 김춘수, 김지하, 문병란 등 현대 한국시인들, 불교의 공(空) 사상 등등에 관한 철학적, 비교문학적 논문들을 선보이고 계시는데, 이 책이 다루고 있는 시인 및 작가의 다양성과 작품들의 광범위함으로 볼 때, 선생님이 벌여놓으신 문학적 소우주의 밤하늘에 찬연히 빛나는 별들을 바라보는 우리 후배들은 마음으로부터 우러나는 감탄과 존숭을 금할 수 없었다.

염 선생님은 그야말로 박학다식하셨다. 영어, 독어, 불어는 물론이고, 라틴어와 이탈리아어, 스페인어에도 능하셔서, 독문학은 말할 것도 없고, 조르즈 상드, 말라르메, 보들레르, 랭보, 단테, 히메네스 등등 서양문학 전체를 다 꿰고 계셨다. 선생님은 크리스타 볼프의 《어디에도 설 땅은 없다》(문예출판사, 1993)와 테오도어 슈토름의 《익사한 아이》(부북스, 2018) 등 독문학 작품들을 번역하신 것 외에도, 조르즈 상드의 소설 《앵디아나》(시와진실, 2012), 스페인의 노벨문학상 수상자 후안 라몬 히메네스의

《플라테로와 나》(부북스, 2018), 단테 알리기에리의 《새로운 삶》(부북스, 2019), 아나키우스 보에티우스의 《철학의 위안》(부북스, 2019) 등 독일어 이외의 다른 언어로 된 원전들도 번역하셨다.

또한, 선생님은 스피노자, 칸트, 피히테, 슐라이어마허, 헤겔, 니체, 하이데거, 가다머 등의 철학을 비판적으로 두루 수용하셨으므로, 늘 종합적인 안목으로 올바른 학문적 인식을 우리들 후배들에게 가르쳐 주셨다.

염 선생님이 서울 걸음 하실 때마다, 내가 낙산 꼭대기의 누옥 도동재에서 선생님을 모시고 숙식을 함께하며 보낸 대화와 토의의 시간들은 이런 정신적 대화의 장이었기에 나에게는 참으로 소중했다.

염 선생님은 학문적 대화를 소중히 여기는 천생 학자이셨다. 그는 자신이 독일에 갈 적에는 유명한 독문학자 요헨 슈미트의 댁에서 기거하며 학문적 대화를 나눈다며, 나와의 대화를 요헨 슈미트와의 대화에 견주기도 하셨다. 최근에 요헨 슈미트의 부음을 접하고 염 선생님이 내게 보내주신 슬픔에 가득 찬 이메일이 새삼 생각난다.

독일 이상주의에 관한 염 선생님과 나의 대화와 토론이 아직 끝나지 않았는데, 뜻하지 않게 유명을 달리하시니, 무엇이 그렇게도 급하셨을까? 나로서는 허무한 마음 달랠 길 없고, 염 선생님이 알고 계시던 그 많은 외국어 단어들과 그 해박한 문학적, 철학적 지식을 어디 외장 메모리 스틱 같은 데에라도 담아놓을 수 없었던 것이 안타깝기만 하다. 우리 독문학계가 '걸어다니는 도서관'을 잃었고, 우리 대한민국이 하나의 소우주를 잃은 셈이다.

지난 3월 19일 오전에 대구 대곡동 자택 앞에서 타계하신지 어언 1년 가까이 넘게 흘러간 이 시점에서 내가 조금 거리를 두고 다시 생각해 보자니, 염 선생님께서 이 세상을 하직하신 방식조차도 내게는 너무나 천재적으로 여겨진다. 학자로서 객지에서 혼자 연구하시다가 만약 댁 안에서 돌아가셨더라면, 우리 동학들이 염선생님의 서거 사실을 빨리 발견을 못 해서 낭패였을 터였고, 설령 병원의 응급실까지 가실 수 있으셨다 하더라도 코로나 사태 중인지라 입원과 치료, 간병 등 그 모든 과정이 실로 간단하지 않았을 듯하다. 고귀한 정신적 존재이셨던 염 선생님께서는 이 '비루한 비루스(Virus)'의 시절에 자신의 육신을 가장 적절하게 내버리시고 엔텔레키아만 천국으로 훨훨 날아가신 것이다. 저서 《횔덜린》(건국대 출판부, 1996)에서 선생님은 "횔덜린하면 필자에게는 모든 세진(世塵)을 훌훌 털고 제비처럼 자유롭게 산천을 지나 여행하는 시인의 상이 먼저 떠오른다."고 쓰셨는데, 이제 염 선생님께서도 "모든 세진을 훌훌 털고 제비처럼 자유롭게" 삼천리 금수강산 위를 비행하고 계시는지, 아니면, 그의 지기(知己) 요헨 슈미트와 함께 독일 튀빙엔대학과 네카르 강 상공을 여유롭게 유영하고 계시는지, 머지않아 선생님을 따라가야 할 나로서는 그 경쾌한 비상(飛翔)에 은근히 부러움조차 느끼게 된다.

염승섭 선생님께서 부디 천국의 아르카디아에 평안히 정주하셔서 계속 책을 읽으시고 지기들과 학문적 대화를 나누시면서 그 행복한 사유를 계속하시기를 빈다.

2022년 2월 7일

낙산 도동재(道東齋)에서
안삼환